HISTOIRE

DE LA

GUYANE FRANÇAISE

Le Docteur H. BAUREL

PARIS

CHALLAMEL AINÉ, ÉDITEUR

188.

HISTOIRE

DE LA

GUYANE FRANÇAISE

HISTOIRE

DE LA

GUYANE FRANÇAISE

PAR

Le Docteur E. MAUREL

MÉDECIN PRINCIPAL DE LA MARINE
PROFESSEUR SUPPLÉANT A L'ÉCOLE DE MÉDECINE DE PLEIN EXERCICE DE TOULOUSE,
CHEVALIER DE LA LÉGION D'HONNEUR,
Officier d'Académie,
Officier de l'Ordre royal du Cambodge,
Mention honorable de l'Académie de Médecine (Prix Godard 1881)
Lauréat des Archives de Médecine Navale (1883)
Témoignages officiels de satisfaction du Ministre de la Marine (Concours 1878, 1879, 1881, 1885),
Lauréat de la Société d'Anthropologie de Paris (1886),
Membre correspondant de la Société de biologie de Paris,
Membre de l'Académie des sciences, inscriptions de belles-lettres de Toulouse,
Vice-président de la Société de Géographie de Toulouse,
Membre de la Société d'anthropologie de Paris,
Membre correspondant de la Société de thérapeutique de Paris,
Membre correspondant de la Société d'hydrologie,
Membre de la Société de Médecine publique et d'hygiène professionnelle,
Membre de la Société clinique de Paris,
Membre de la Société de Géographie de Paris,
Membre de l'Association française pour l'avancement des sciences,
Membre honoraire de la Société médicale de Cherbourg,
Membre de la Société de Géographie de Rochefort,
Membre de la Société de médecine, chirurgie et pharmacie,
Membre de la Société d'histoire naturelle de Toulouse,
Membre de la Société des sciences physiques, naturelles et climatologiques de l'Algérie.

———

PARIS

CHALLAMEL et Cie, ÉDITEURS

Librairie coloniale

5, RUE JACOB, ET 2, RUE FURSTENBERG

—

1889

HISTORIQUE DE LA GUYANE
SES LIMITES

De l'autre côté de l'Océan Atlantique, dans les régions qui avoisinent l'Équateur, s'étend une vaste contrée qui depuis des siècles a, tour à tour, fait naître les espérances les plus folles ou causé l'épouvante de ceux que le service y destine : cette contrée c'est la Guyane. Considérée d'abord comme cachant dans ses forêts immenses des trésors incalculables, transportés par les débris de la famille royale des Incas et entre autres leur fameux palais de l'ElJorado, dont la toiture, disait la légende, était faite d'or massif ; puis appréciée plus sainement et admirée pour la régularité de son climat et la puissance de sa végétation, la Guyane, en effet, après le désastre de Kourrou, devait ne plus être regardée que comme un sol ingrat et insalubre.

Cette réputation parut même si bien établie, à partir de ce moment, surtout aux yeux de l'administration, que lorsqu'au milieu des troubles de la révolution, les prisons regorgèrent des victimes de nos luttes intestines, on ne crut pouvoir mieux faire que de confier à la Guyane celles que l'échafaud n'avait osé atteindre. C'est sur ses rives, en effet, que furent successivement jetés les prisonniers de thermidor, ensuite ceux de fructidor, et enfin ceux du Directoire ; et il faut reconnaître que, dans ces circonstances, la Guyane ne fit rien pour se relever de sa triste réputation. Puis des temps plus calmes suivirent ; et, sous l'impulsion d'une poignée de colons intelligents, il semblait qu'une ère plus heureuse allait commencer, quand l'abolition de l'esclavage, en supprimant le travail, vint de nouveau renverser ces espérances et condamner pour longtemps ce pays à la misère. Aussi, malgré quelques efforts isolés, et ceux d'une commission nommée par le gouvernement de Louis-Philippe pour étudier ce pays au point de vue d'une transportation future, deux mots caractérisaient la Guyane à la fin de ce règne : *misère* et *insalubrité*.

Nous sommes bien loin, vous le voyez, de la ville aux tuiles d'or ! de la Manoo d'Eldorado !

C'était là l'opinion générale sur ce pays, quand les nouveaux troubles politiques qui suivirent l'avènement du deuxième empire, en encombrant les prisons et les bagnes, lui firent une obligation de trouver, à brève échéance, un lieu d'exil. Ce fut encore la Guyane qui fut choisie. Il semblait, du reste, que ce fut là désormais sa seule utilisation. Mais, de plus, cette fois, aux déportés politiques fut jointe la population des bagnes. La Guyane devint notre première colonie pénitentiaire. Ce fut le dernier coup porté à sa réputation.

Aussi son nom n'évoqua-t-il plus seulement les idées de misère et d'insalubrité ; mais encore, ce qui est pire, celle du mépris.

Les mots Guyane, Cayenne sont devenus depuis synonymes de bagne ; et sa désignation récente pour recevoir les récidivistes n'est pas faite pour changer ce courant de l'opinion.

Eh bien, Messieurs, j'ai parcouru cette Guyane insalubre, pauvre et méprisée. Je l'ai habitée pendant deux ans, et, après l'avoir vue et connue, vous l'avouerai-je, je m'y suis attaché.

J'ai interrogé son histoire ; j'ai réuni sur son passé de

nombreux documents dont quelques-uns inédits ; j'ai cherché les causes des malheurs dont elle a été le théâtre ; j'ai étudié son climat, ses habitants, ses productions ; j'ai analysé ses terres, ses eaux, ses fruits ; et il m'a semblé qu'il était impossible que tant de richesses naturelles fussent à tout jamais perdues, et que si son sol avait vu se dérouler tant de désastres, c'est que les lois de la colonisation avaient été mal comprises, et les leçons de l'expérience trop facilement oubliées.

Enfin, tout en reconnaissant les difficultés que la colonisation présente chez elle, il m'a semblé que l'on avait été trop sévère pour elle, et que l'on avait à tort mis à sa charge des insuccès qui, en grande partie, n'étaient dus qu'à notre ignorance et à notre légèreté.

Plusieurs fois j'ai eu la pensée d'utiliser les notes que j'ai rapportées et de les publier ; mais le temps m'a toujours manqué. C'est qu'en effet, jusqu'à présent, j'avais été emporté dans le tourbillon de la vie de marin, et que mon existence morcellée non par années, mais par mois, ne m'avait permis que des travaux écourtés, faits à la hâte, et sous la menace constante d'un départ.

Mais aujourd'hui les conditions sont changées. Rendu à une vie plus calme, il va m'être permis d'entreprendre des études plus longues et plus patientes ; aussi me suis-je décidé à mettre mon projet à exécution et c'est ce soir même que je vais commencer.

Or, je dois vous le dire, j'ai d'autant moins hésité à le faire, qu'en venant à Toulouse j'ai eu la bonne fortune d'y trouver une Société de géographie, déjà fortement organisée, pleine de sève, et surtout, j'ai pu m'en convaincre, animée d'un chaud patriotisme, et que, par conséquent, je suis assuré de trouver auprès d'elle un double accès : celui de son intelligence quand je parlerai géographie, et celui de son cœur quand je parlerai des intérêts de la France.

Ce que je viens de vous dire de mes recherches longues et

nombreuses sur la Guyane, doit vous faire pressentir qu'il me serait impossible d'épuiser ce sujet dans une seule communication. Pour rendre cette étude profitable à vous et à la science, il me faudra la diviser, et répartir ce qu'elle comporte en une série de questions distinctes, que je traiterai à distances assez longues, lorsque les autres travaux d'actualité nous en laisseront le loisir. C'est comme un fonds de réserve que j'offre à la Société.

Je me promets d'étudier chacune des questions qui la concernent d'une manière complète, de telle sorte que votre Bulletin ait sur ce pays une monographie qui dépasse en étendue, et, je l'espère, en richesse de documents, tout ce qui existait antérieurement. Je fais donc appel dès maintenant aux membres de la Société, les priant de vouloir bien me communiquer les travaux qu'ils connaissent et qu'ils rencontreront concernant cette colonie, pour que je puisse en faire profiter la Société, si déjà ils ne m'étaient connus.

Mes communications, je dois vous le dire, seront plutôt des causeries que des dissertations scientifiques, et surtout que des œuvres littéraires. Je devrai, en effet, tenir compte que dans nos réunions ordinaires, nous constituons, avant tout, une Société savante, plus attachée au fond qu'à la forme, et tenant plus aux faits et aux chiffres qu'à la pureté du style. Mes communications auront donc, je le répète, le caractère de causeries scientifiques. Cependant, comme un des côtés spéciaux des sociétés de géographie est de faire aimer la science à ceux qui la cultivent, je m'attacherai, pour rompre la monotonie d'une énumération géographique, ou la sécheresse d'une série de dates historiques, à animer ces études en vous faisant vivre, par la pensée, autant que possible, dans ce pays sur lequel je voudrais vous laisser une appréciation plus juste. En un mot, je chercherai à m'inspirer de cette devise qui semble désormais devoir être celle de l'enseignement à quelque âge qu'il s'adresse : *Utile dulci.*

Mes projets et la manière de les comprendre exposés, j'aborde ma première communication ayant pour sujet *l'historique de la Guyane*. Mais avant de commencer je tiens à dire, pour dégager d'une manière complète la responsabilité de la Société et la mienne, que dans le récit que je vais faire, et dans lequel j'aurai à parler des divers gouvernements qui se sont succédés depuis trois siècles, toute allusion politique est mise de côté. Je fais ici de l'histoire et de la géographie, et ne veux faire que cela. Je veux me tenir sur le terrain d'une scrupuleuse neutralité. C'est le seul, du reste, qui convienne à la science qui peut ainsi planer au-dessus des partis en lutte. Il faut qu'au moins la science conserve cette heureuse prérogative d'être entre ses adeptes un motif d'union, lorsque en dehors d'elle tant d'autres motifs les divisent.

Et d'abord, commençons par nous demander l'origine du nom de *Guyane* qui a été donné à notre colonie, et celui de *Cayenne* qu'a reçu son chef-lieu.

Dès la fin du seizième siècle, de nombreux aventuriers visitèrent le Brésil et remontèrent l'Amazone. Or, un de ces aventuriers raconta que, dans le Nord, sur la rive gauche de l'Amazone, se trouvait une province que les indigènes désignaient sous le nom de *Ouyana*, et qui était très riche en or. C'est donc évidemment de ce nom d'Ouyana que vient celui de Guyane; et c'est probablement ce récit, exact, quant au fond, puisque, vous le verrez, la Guyane contient des mines d'or très riches, qui, amplifié par les imaginations surexcitées des flibustiers, est devenu l'origine de la légende de l'Eldorado. L'origine du mot Guyane est donc des plus nettes. Il en est autrement de celle du mot *Cayenne*.

Quelques auteurs disent que l'île et la ville de Cayenne furent ainsi nommées du nom d'un chef caraïbe. Je ne le pense pas. Ce mot n'a rien de galibi. J'ai pu m'en convaincre en fréquentant les quelques tribus de ce peuple qui vivent encore sur les rives du Maroni, et aussi en parcourant un petit dictionnaire qui remonte au milieu du dix-huitième siècle, le seul, du reste, que nous ayons.

En dehors de cette explication, une autre se présente; c'est que le mot *Cayenne* n'est qu'une autre altération du mot *Ouyana*. Les premiers colons auraient ainsi donné le même nom à la province et à la capitale, ce que nous faisons encore maintenant en Cochinchine, au Tonkin et au Cambodge, où le nom des provinces est toujours celui du chef-lieu.

C'est là déjà une deuxième explication. Mais, de plus, à côté d'elle, je dois en placer une autre, que je ne donne toutefois qu'avec beaucoup de réserve; elle m'est personnelle. J'ai été frappé de trouver dans quelques-uns de nos ports militaires une rue portant le nom de *rue de la Cayenne*. Or, il ne faut pas s'y tromper; ce nom ne leur a pas été donné en souvenir du chef-lieu de la Guyane, comme nous avons ici les rues de Metz ou d'Alsace-Lorraine, etc.; mais, j'ai pu m'en assurer, parce que ces rues conduisaient au bagne, que la population désignait sous le nom de *la Cayenne*. L'étymologie de ce mot est, du reste, facile à trouver. La Cayenne vient du mot latin *Gehenna, torture, question*.

L'expression de Cayenne, que nous trouvons dans nos ports, est donc complètement indépendante de la capitale de la Guyane; elle est, en tout cas, de beaucoup antérieure à l'époque où Cayenne est devenue un lieu de déportation.

Mais nous savons que c'est dans le chef-lieu de la colonie que siégeait l'autorité judiciaire; nous savons aussi que c'était là qu'étaient conduits les esclaves dont les maîtres avaient à se plaindre; nous savons, enfin, que les esclaves étaient retenus sur les habitations et qu'ils n'allaient guère au chef-lieu que pour y être interrogés, c'est-à-dire y subir la question. Il se pourrait donc que, dans l'esprit de la population esclave, le chef-lieu et le lieu de la question eussent été confondus; et que, prenant ainsi une partie pour le tout, le nom de Cayenne fut resté au chef-lieu. Les maîtres qui, forcément, en s'adressant aux esclaves, parlaient leur langage, auraient fini par adopter ce même usage ; et c'est ainsi que la confusion entre le lieu de la question et le chef-lieu aurait été définitivement consacrée. Mais, je le répète, ce n'est là qu'une hypothèse personnelle ; et si nous sommes fixés sur l'origine du nom de Guyane, le champ des recherches reste ouvert pour celui de Cayenne.

Primitivement, on a désigné sous le nom de Guyane tout l'immense espace compris entre l'Orénoque et l'Amazone.

Ce pays comprenait donc aussi bien le versant sud que le versant nord des monts Tumucs-Humacs qui le divisent en deux parties à peu près égales.

Ainsi comprise, la Guyane se divisait en Guyane *vénézuélienne, anglaise, hollandaise, française* et *brésilienne*; et c'est encore cette division qu'admettent quelques traités de géographie. Cependant l'usage semble prévaloir de distraire de cet espace la Guyane vénézuélienne, d'un côté, et la Guyane brésilienne de l'autre ; de sorte que cette contrée, ainsi diminuée, ne s'étendrait que du Vénézuéla à l'Oyapock, qui nous sert de limite provisoire à l'est.

De plus, l'entente ne s'étant pas faite avec le Brésil sur cette dernière limite, toute la partie à l'est de l'Oyapock est désignée sous le nom de *territoire contesté.*

Néammoins, comme ce territoire nous appartient d'une manière indiscutable, je le comprendrai dans nos limites ; et c'est de cet espace, ainsi compris, dont je vais faire l'historique.

Historique.

L'histoire politique de la Guyane, ainsi délimitée, comprend trois périodes bien distinctes. La première s'étend de sa découverte, en 1498, jusqu'au traité franco-hollandais de 1668, qui fixa, pour la première fois, ses limites ; et la partagea d'une manière exclusive entre la France et la Hollande.

La seconde commence à ce traité, et va jusqu'à celui de 1814, qui céda une partie du territoire hollandais à l'Angleterre, et qui donna à chacune des trois Guyanes les limites qu'elles ont encore. Enfin, la troisième s'étend de 1814 jusqu'à nos jours.

Pendant les deux premières périodes, les histoires des trois Guyanes sont si intimément liées, que je crois utile de les confondre dans une même étude. J'espère éviter ainsi des redites et donner plus de clarté au sujet. Mais pendant la troisième, au contraire, les trois colonies, qui ont été constituées par le traité de 1814, ont vécu d'une vie si différente, chacune d'elles recevant une impulsion propre de sa métropole, que je crois indispensable de les étudier séparément.

Christophe Colomb (1) dans son troisième voyage, en 1498, et Alphonse Oyédo (2), dix mois après, virent peut-être les terres de la Guyane, mais n'y abordèrent pas.

Presque à la même époque, Vincent Pinçon, après être descendu au-dessous de l'Équateur, le repassa, rencontra un immense fleuve, auquel il donna son nom, et cotoya toute la Guyane, mais de nouveau sans s'y arrêter.

C'est probablement Vasco Nunez Balbao qui devait avoir ce mérite, quelques années après. C'est, en effet, de lui que l'on tient les premiers renseignements sur ce pays.

Plus d'un siècle s'écoula ensuite sans que la Guyane fût l'objet d'aucune entreprise sérieuse. Les efforts se portaient ailleurs, soit sur les Antilles, soit au sud de l'Amazone. Seuls, des aventuriers la visitèrent, et dans le but unique de retrouver les trésors cachés par les Incas.

Ce n'est que de 1580 que date la première tentative de

(1) Christophe Colomb aborda vers l'embouchure de l'Orénoque le 10 août 1498.

(2) Alphonse Oyédo, parti de Séville en mai 1499, n'aborda le Nouveau-Monde que dix mois après Christophe Colomb.

Cette Carte n'a pas de précision géographique; elle est seulement destinée à faciliter l'intelligence
l'histoire de ce pays. ____ Une Carte plus précise accompagnera la géographie physique.

CARTE DE LA GUYANE

Cette Carte n'à pas de précision géographique; elle est seulement destinée à faciliter l'intelligence l'histoire de ce pays. ___ Une Carte plus précise accompagnera la géographie physique.

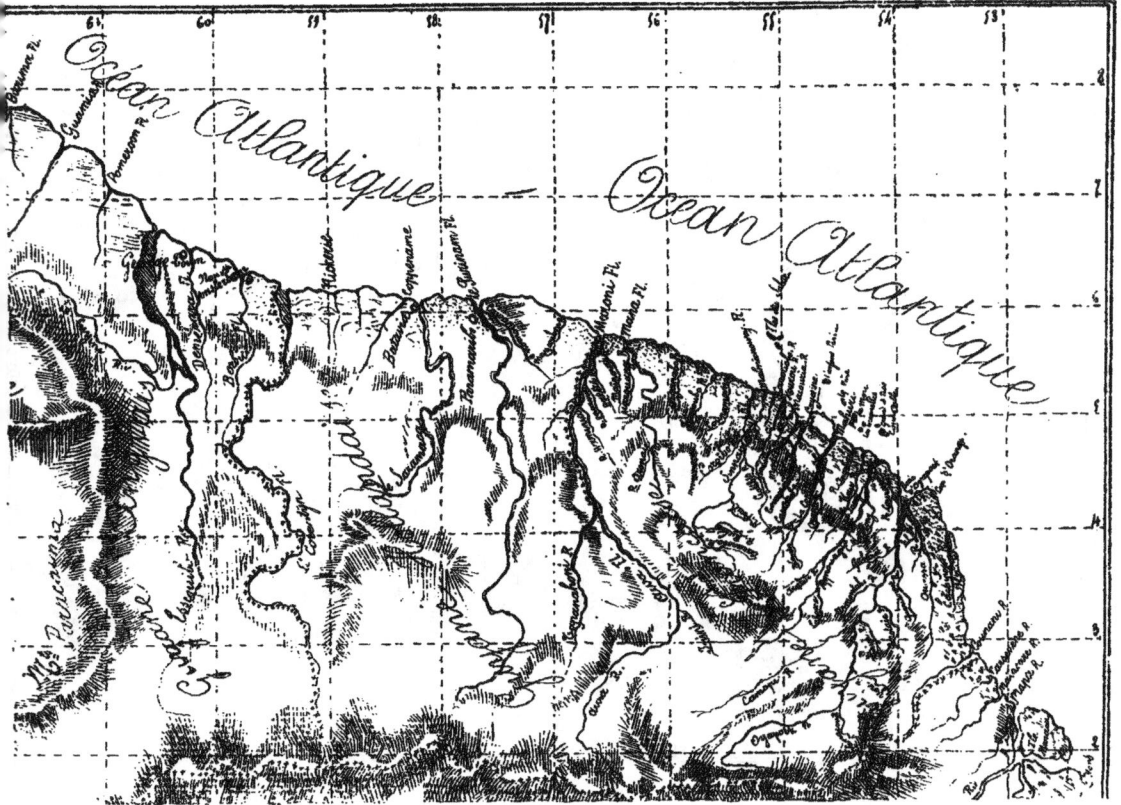

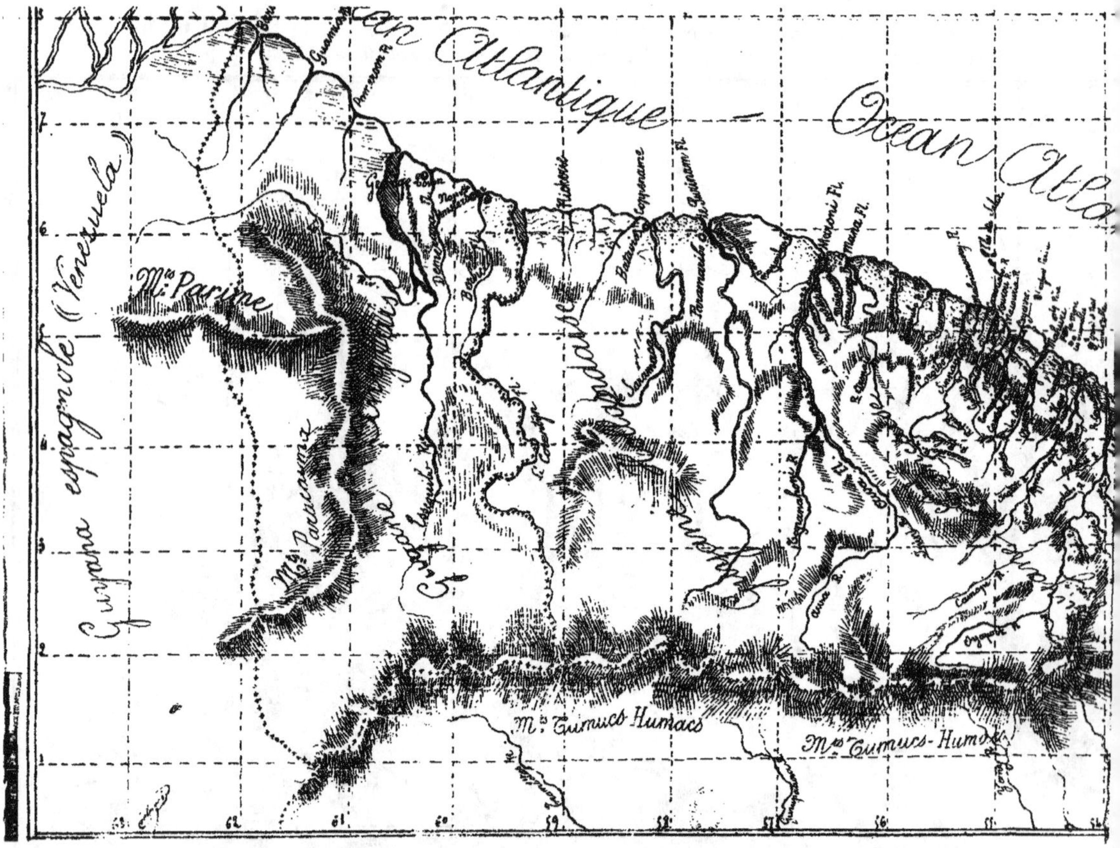
Océan Atlantique
Océan Atla
Guyana espagnole (Venezuela)
Mts Parime
Mts Pacaraima
Mts Tumucs Humacs
Mts Tumucs-Humacs
Surinam Fl.
Maroni Fl.

Atlantique
Ocean Atlantique
Mts Tumucs-Humacs
Mts Tumucs-Humacs

colonisation. Quelques négociants hollandais envoyèrent cinquante personnes environ fonder, à l'embouchure du Pomeroon, une colonie à laquelle ils donnèrent le nom de Nouvelle-Zélande. Ce furent là les premiers efforts que vit échouer la colonisation.

La Guyane venait cependant, avec cette tentative, d'entrer dans une phase nouvelle. Si quelques imaginations ardentes ou crédules comme Robert Dudley (1595), Walther Raleigh (1595 et 1617), Laurent Keymis et Bornie (1596), Charles Leigh (1604), Robert Harcourt (1608), continuèrent leurs recherches à la poursuite de l'Eldorado, des esprits plus positifs surent ne voir les trésors promis que dans l'exploitation agricole et commerciale du pays.

A l'exemple des hollandais, des négociants de Rouen, après avoir obtenu le privilège du commerce et de la navigation des pays compris entre l'Orénoque et l'Amazone, envoyèrent, en 1626, sous les ordres des sieurs de Chantail et Chambrant, une colonie de 26 personnes sur les rives du Synnamary. Presque en même temps, en 1630, soixante anglais, sous les ordres du capitaine Maréchal, s'établirent dans la partie de la Guyane nommée Surinam. Enfin, la même année, une expédition partit de Rouen et fut complétée trois ans après (1630 et 1633). Cette dernière, plus considérable que les deux précédentes, composée de cent trente nouveaux colons, sous les ordres des capitaines Hautepine, Legrand et Grégoire s'établit d'abord sur les rives de Counamama ; puis, un an après, sur celle de Rémire que l'on commença à cultiver. Ce fut elle qui, la première, fortifia le rocher qui domine la rade de Cayenne, et lui donna le nom de *Cépérou*, du nom d'un chef indien Gébili ; et qui, à côté du fort, fonda également le premier village qui devait devenir le chef-lieu de notre colonie.

Comme on le voit, avec ces tentatives nous sommes entrés dans une période pendant laquelle on cherche à faire du durable. Les villes de Surinam et de Cayenne sont désormais fondées. Cependant le succès ne couronna pas les efforts de ces premiers colons ; trop d'obstacles se dressaient encore devant eux.

Aussi, découragés et décimés par la maladie, la plupart de ceux qui survivaient quittèrent Cayenne, en 1640, au nombre de soixante-cinq, pour se réfugier à Surinam et se réunir à la colonie anglaise. Le personnel de cette colonie naissante fut ainsi plus que doublé ; et il s'accrut, encore peu après, par l'arrivée de juifs, qui, chassés du Brésil, emmenèrent avec eux un certain nombre d'esclaves.

L'insuccès de l'expédition de Counamama et de Cayenne ne découragea pas cependant le génie entreprenant du commerce français. Il se forma une autre compagnie dite du *Cap Nord* qui reçut les mêmes privilèges que la précédente ; mais dont le but était, comme son nom l'indique, de fonder des établissements au Cap Nord et sur le Maroni. Poncet de Brétigny reçut le commandement de cette expédition, composée de trois cents hommes, et débarqua à Cayenne le 4 mars 1644. Il y trouva quelques débris de la tentative précédente, qui, au lieu de se réfugier à Surinam, avaient préféré vivre avec les Galibis dont ils avaient adopté le langage et les mœurs. C'était l'expédition la plus nombreuse qui eut débarqué dans ces parages. Mais, outre qu'elle n'était composée que de vagabonds, plus amoureux des aventures et du pillage que du travail de la terre, les nouveaux colons trouvèrent dans de Brétigny un chef qui sut peu s'inspirer des nécessités de la situation. Ami du faste et cruel, il révolta contre lui les indiens Galibis, ainsi que ses propres hommes, et fut tué dans une embuscade par les premiers. Il ne sut que bien mourir. Après sa mort, les indiens se répandirent dans l'île, brûlant les maisons et massacrant tout ce qu'ils rencontraient. Seuls quarante hommes, guidés par un missionnaire, purent se sauver. Laforêt, qui débarqua quelques mois après, en novembre, avec un secours de quarante hommes, eut le même sort. Il fut assassiné par les indiens et seul, un homme du nom de *le Vendangeur*, put se réfugier à Surinam.

Pendant quelques années les efforts de colonisation cessèrent entre l'Oyapock et le Maroni. Mais, en 1650, lord Wiloughbi, comte de Parham, équipa deux navires pour établir une colonie sur les côtes de la Guyane.

Ce fut *Paramaribo* que choisirent les nouveaux colons. Ils trouvèrent, à leur arrivée sur les rives de la Commewyne, les hollandais dont j'ai déjà parlé, et s'en firent des alliés ainsi que des juifs qui s'étaient fixés à la *Surinam supérieure*.

Cependant les insuccès antérieurs n'avaient que ralenti l'enthousiasme français. Sept ans après la mort de de Brétigny, une nouvelle compagnie se forma à Paris sous le nom de *Compagnie de la France Équinoxiale* et chercha à supplanter celle dite du Cap Nord, dans ses privilèges. Ces démarches portèrent celle-ci à tenter un nouvel effort. Elle envoya à Cayenne une expédition de soixante hommes qui, sous les ordres du sieur de Navarre, y arriva le 1er mars 1652 et l'occupa. Mais ce fut en vain. La Compagnie de la France Équinoxiale l'emporta. Les privilèges de la Compagnie du Cap Nord furent révoqués ; et une expédition, forte de sept à huit cents volontaires, s'embarqua au Havre, sous les ordres de Royville. Il emmenait avec lui les douze associés, fondateurs de la Compagnie, qui avaient pris le titre pompeux de *Seigneurs de la Guyane*. Mais la discorde se mit dans cette expédition, avant même qu'elle eut atteint sa destination, et Royville fut assassiné par les seigneurs. Un d'entre eux, de Bragelone, le remplaça ; et ce fut sous ses ordres que l'expédition débarqua sur la côte de Rémire, et fonda quelques habitations dont on voit encore les ruines aujourd'hui. Mais trop d'éléments de jalousie existaient entre les seigneurs. L'un d'eux, Isambert, en arriva même à former un complot contre de Bragelone. Mais celui-ci, averti au dernier moment, fit arrêter Isambert, le fit juger le même jour, et, la peine capitale ayant été prononcée, il le fit exécuter séance tenante. Quant à ses complices, ils furent abandonnés dans une île déserte.

Cependant, d'autres dangers se préparaient, les attaques

incessantes des indiens, les maladies et la famine se joigni-
rent aux querelles intestines pour paralyser les efforts des
colons ; et, une fois de plus, les débris de cette malheureuse
expédition française allèrent, sous les ordres de de Bragelone
et de Duplessis, porter à Surinam le concours de leur intelligence et de leur activité ; ce fut en 1654.

Dès le départ de de Bragelone, quelques hollandais, conduits par Spranger, parurent devant Cayenne, et, trouvant le
pays sans défenseurs, s'en emparèrent. Par leurs soins, du
reste, la petite colonie devint prospère. Ils fondèrent des
sucreries et firent des plantations importantes de roucou, de
coton et d'indigo.

Ainsi, vers l'année 1660, le pavillon français avait complètement disparu des rives de la Guyane. L'Angleterre avait
arboré le sien sur les bords du Surinam, où, en 1665, sa
colonie comptait déjà plus de quarante plantations de cannes
à sucre ; et la Hollande, après s'être emparée sans coup
férir des anciennes habitations de Cayenne, recueillait le
fruit de nos expéditions successives.

Mais quelques années suffirent pour changer complètement
la face des choses. D'une part, en effet, la Compagnie de la
France Équinoxiale, dont les droits n'étaient pas éteints,
tenta une nouvelle expédition sur Cayenne, et Lefebvre de
la Barre en reprit possession le 21 mars 1664 ; et, d'autre
part, la Hollande étant en guerre avec l'Angleterre, trois
grands navires zélandais, placés sous les ordres de l'amiral
Kryusen, se présentèrent devant Surinam, et se rendirent
maîtres de Paramaribo. La paix de Bréda, conclue un an
après, ratifia cette conquête ; et désormais cette partie de
la Guyane fut acquise aux hollandais.

Quelques années avaient donc suffi pour que ces deux
colonies changeassent complètement de maître. Cayenne
avait fait retour à la France, et Surinam était devenu possession hollandaise. Ce ne fut pas cependant sans que de
nouvelles tentatives de conquêtes ne fussent faites par les
autres puissances et surtout par l'Angleterre.

L'année 1667 apporta, en effet, pour ces deux colonies, alors en voie de prospérité, une terrible épreuve. L'escadre anglaise du chevalier Hermann s'empara de l'île de Cayenne, et ne la quitta, au bout d'un mois, qu'après avoir tout saccagé. Une partie de la population, croyant trouver son salut dans la fuite, se réfugia à Surinam, devenu depuis peu, je l'ai dit, possession hollandaise; mais elle n'y trouva ni la tranquillité ni le salut qu'elle y cherchait. Willoughbi, en effet, devenu gouverneur des Barbades, au mépris du traité de Bréda, revendiqua Surinam comme sa propriété. Il s'appuyait sur un acte de Charles III d'Angleterre, en date de 1662, qui lui donnait, ainsi qu'à Laurens Hide, la propriété pleine et entière de cette colonie. Il arma donc une flotte, et avant la fin de l'année, malgré une défense héroïque des Hollandais soutenus par deux cents Français échappés au désastre de Cayenne, s'empara de la forteresse Zélandia. Comme dans l'île de Cayenne, les plantations furent détruites; et, de plus, les colons hollandais forcés de se réfugier dans les îles anglaises. Mais ces actes barbares, et surtout cette violation du traité de Bréda, furent vivement blâmés par l'Angleterre, et Willoughbi dut, peu après, céder de nouveau la colonie à l'amiral Kryusen.

Cependant, après le départ des Anglais de Cayenne, quelques colons français, qui s'étaient réfugiés dans les bois, en sortirent; et, soutenus par les conseils et les exhortations du père Morelet, curé de Cayenne, ils relevèrent les habitations et la colonie reprit ses travaux agricoles. Ce fut dans cet état que de La Barre trouva la colonie à son retour en 1668.

Jusque-là, on l'a vu, aucune limite n'existait entre les divers établissements coloniaux. Les Compagnies qui s'étaient succédées avaient obtenu les privilèges du commerce de l'Orénoque à l'Amazone; mais cela sans pouvoir entraver l'établissement d'aucune colonie étrangère. Cette vaste étendue de côtes, sauf les quelques points occupés, avait pu être prise par toutes les nations et même par tous les particuliers.

C'était le droit du premier occupant qui prévalait, et, ce qui valait moins encore, celui du plus fort. Or, ce fut cette même année que les deux gouverneurs de Cayenne et de Surinam décidèrent, par crainte de l'ennemi commun, l'Angleterre, de fixer les limites de leur dénomination respective. Le traité fut conclu le 18 novembre 1668, et ce fut le Maroni qui fut choisi.

Dès lors, chacun est chez soi. Les Guyanes française et hollandaise sont constituées; elles vont l'une et l'autre dépendre du gouvernement de leur mère-patrie, et en faire partie au même titre que toutes les autres portions de son territoire. Une mesure prise par Louis XIV, en 1674, vint donner une force nouvelle à cet état de choses. La Compagnie des Indes occidentales, qui avait remplacé celle de la France équinoxiale et la dernière qui ait eu des droits sur la Guyane, fut supprimée; et cette colonie, comme toutes les autres, fit retour au domaine royal.

Depuis le départ des Anglais, je l'ai dit, les colons français avaient repris leurs travaux de culture, et Cayenne se relevait lentement de ses désastres. Mais cet état de prospérité ne tarda pas à porter ombrage à la Hollande, qui, de plus, attirée par l'espoir de trouver des mines d'or et d'argent sur le territoire français, résolut de s'en emparer.

Le 5 mai 1676, l'amiral Binks se présenta devant Cayenne, et, sans coup férir, contraignit à se rendre sa population essentiellement agricole. Son succès, toutefois, fut de courte durée. Le 20 décembre de la même année, d'Estrées apparut avec vingt voiles et huit cents hommes de débarquement, et, après une heure de combat, força les Hollandais à se rendre à merci.

De là naquit entre les deux colonies limitrophes une rivalité dont nous retrouverons plus d'une fois les traces.

L'occupation hollandaise n'avait rien détruit. Désireux, au contraire, de conserver notre colonie, les envahisseurs s'étaient attachés à favoriser la culture et à augmenter le nombre des plantations. Aussi, peu après leur départ, la colonisation reprit-elle ses progrès. Ces progrès furent même

augmentés par un accroissement de population inattendu.
Des flibustiers, fatigués de leur métier, et chargés de dé-
pouilles prises dans les mers du Sud, vinrent, sous la con-
duite de leur chef, Ducasse, se fixer à Cayenne et se livrer à
la culture des terres. Malheureusement, les anciens goûts de
cette population d'aventuriers reprirent bientôt le dessus.
Après deux ans de séjour dans la colonie, Ducasse, exploitant
le ressentiment que Cayenne conservait contre les Hollandais,
équipa une flotte et se dirigea sur Surinam pour le livrer au
pillage ; mais il ne trouva dans cette expédition que l'insuccès
le plus complet. Les agresseurs furent repoussés, la plupart
même faits prisonniers, et notre colonie perdit ainsi la partie
la plus active et la plus vigoureuse de sa population.

Ce fut un coup terrible pour elle, dont le défaut principal
était déjà le manque de bras. Aussi, de 1686 à 1763, l'exploitation des terres resta-t-elle limitée à l'île de Cayenne.
Pendant près d'un siècle, la colonie ne fit donc que végéter et
lutter, sans grand succès, contre les ennemis naturels de
toute colonisation dans ces contrées et l'indifférence de la
métropole. Cependant, il faut le reconnaître, elle se soutenait ;
et si le nombre des blancs restait stationnaire, celui des esclaves, et par conséquent la production, augmentait.

C'est ce qui ressort du tableau suivant :

| ANNÉES | BLANCS | AFFRANCHIS | ESCLAVES | | TOTAL DE LA POPULATION |
			NOIRS	INDIENS	
1695	398	4	1047	143	1592
1698	374	14	1408	121	1917
1707	373	»	1401	122	1896
1716	296	28	2536	104	2964
1740	566	54	4634	36	5340
1749	456	21	5428	»	5948

Il semble donc qu'il aurait suffi de favoriser cet accroissesement par certaines mesures heureuses, de créer quelques établissements de crédit et surtout de favoriser une immigration lente et choisie pour constituer le noyau d'une colonie prospère et grande d'espérances. Nous verrons bientôt que la royauté en jugea autrement.

Pendant que notre colonie se développait bien lentement, c'est vrai, mais à l'abri de toute secousse, notre voisine était aux prises avec des obstacles autrement sérieux. D'abord, dès 1669, et pendant les années qui suivirent, le capitaine de Lichtemberg eut à lutter contre les attaques incessantes des Caraïbes, et ce ne fut que sous le gouvernement de Cornélis Van Aersen que ces peuplades turbulentes, ayant subi plusieurs défaites, consentirent à un traité de paix. Puis, malgré les services rendus à la colonie par son gouverneur Sommelsdyk, sous lequel le cacaotier fut importé, une partie de la garnison se révolta et le massacra (le 19 juillet 1688). Enfin cette révolte était à peine terminée, que la guerre avec la France commença.

Ce furent, en premier lieu, la tentative des expéditions parties de Cayenne, et en second lieu celles envoyées par la métropole avec Cassard. Or, malgré l'insuccès de quelques-unes de ces expéditions, le travail ne fut pas moins arrêté. Enfin, dans le mois d'octobre 1712, l'amiral français reparut ; et les forces hollandaises durent céder au nombre et à l'intrépidité des assaillants. Surinam paya d'énormes contributions aux vainqueurs, en argent, en esclaves et en sucre.

Les suites de ce désastre ne se firent pas attendre. Après les luttes intestines, après les guerres contre les Caraïbes et les Français vint celle contre les nègres marrons. Ceux-ci, voyant l'affaiblissement de la colonie et rendus audacieux par le nombre, se répandirent dans le pays, dévastant les plantations et massacrant les blancs. Ce fut une période terrible pour nos voisins. Cependant, au milieu de tous ces désastres, la colonie trouva dans les progrès de ses cultures quelques compensations. Ce fut, en effet, en 1719 que le premier pied de moka arriva à Surinam, et cinq ans après la première ré-

coûte paraissait sur le marché d'Amsterdam. Ce même marché
reçut les premiers cacaos en 1733 et le premier coton de
Surinam en 1735.

Après les guerres constantes qu'elle venait de soutenir,
la colonie songea à se fortifier. De 1734 à 1747 furent
bâties d'abord la forteresse de la Nouvelle-Amsterdam, à la
rencontre de la Surinam et de la Commewyne, et ensuite les
deux redoutes de Leyden et de Pumersend, sur les rives
droite et gauche de ce premier fleuve ; mais si ces forteresses
mettaient la colonie à l'abri de l'étranger, elles ne pouvaient
la garantir contre la guerre intérieure et les désastres financiers. Or, depuis un demi-siècle, elle semblait vouée au
malheur. De 1742 à 1745, elle vit échouer successivement une
entreprise de mines, une tentative de colonisation par des
paysans allemands, et enfin une autre par des cultivateurs
hollandais. Ces malheurs, en affaiblissant de plus en plus le
prestige des blancs sur les noirs, ne firent que rendre ces
derniers plus audacieux. En 1749 il fallut faire un nouveau
traité de paix qui, du reste, ne fut pas plus respecté que le
premier. Après ces insurgés, d'autres se présentèrent et, pendant dix ans, toute l'énergie des colons fut à peine suffisante
pour se maintenir dans le pays. Pendant toute cette période,
les plantations, plusieurs fois saccagées, avaient été presque
anéanties, et la possession du pays si menacée que le gouverneur hollandais ne put se l'assurer qu'en reconnaissant l'indépendance des noirs combattants et celle de leurs descendants
et en leur payant un tribut de 1,200 fr. par an.

La seule condition que l'on exigea d'eux fut qu'ils se fixe-
raient dans le Haut-Maroni, et qu'ils repousseraient du
sein de leur société tout nouvel arrivant. Ce sont eux qui
autrefois, connus sous le nom de nègres d'Auca, le sont aujourd'hui sous celui de nègres Youcas. Ce traité, encore en
vigueur, fut conclu en 1761.

Comme on le voit, l'état de ces deux colonies laissait beaucoup à désirer, et celle de la Hollande plus encore que la

nôtre. Cette dernière, en effet, n'avait pas eu contre elle les guerres intestines de l'esclavage dont l'autre avait tant souffert. Ni l'une ni l'autre, pourtant, n'en avait fini avec les malheurs. Ce fut, en effet, dans ces conditions qu'avec l'année 1761 s'ouvrit l'une des périodes les plus malheureuses de leur histoire. Tandis que dans le mois d'avril de cette année un incendie consumait une grande partie de Paramaribo, que quelques années après une épidémie de variole décimait les ateliers, le gouvernement français concevait un vaste projet de colonisation. Pour compenser la perte du Canada que l'on venait de céder aux Anglais, il décida de donner à la colonisation de la Guyane une extension considérable. Douze mille colons de toutes classes furent compris dans cette expédition, et trois mille autres les suivirent. C'était donc un total de 15,000 Européens jetés dans un pays dont la population totale atteignait à peine le tiers de ce chiffre, et ne comptait guère que six cents Européens.

Ces 15,000 hommes furent débarqués sur les rives du Kourou, où rien n'avait été préparé pour les recevoir. De plus, comme le but de cette expédition était d'occuper la partie de la colonie dite *sous le vent*, et comprise entre la rivière de Cayenne et le Maroni, la Guyane fut divisée en deux commandements indépendants, l'un *au vent* et l'autre *sous le vent*. Ce fut cette division qui, en excitant la jalousie de l'ancien gouverneur dont l'autorité se trouvait ainsi diminuée, le fit assister impassible à cet immense désastre. Livrés à eux-mêmes, sans vivres, sans logements et aussi sans direction, treize mille immigrants succombèrent dans l'espace d'un an. La plupart des survivants furent rapatriés. Seules, quelques familles se fixèrent sur les rives du Synnamary ou sur celles de l'Appronague. Ce désastre, cependant, comme nous le verrons, n'eut pas d'influence sur le sort de l'ancienne colonie, établie dans l'île de Cayenne. C'est ce qu'indiquent les chiffres suivants :

En 1749, nous l'avons vu, le nombre des blancs n'était que

de 456 et celui des esclaves de 5,428. Or, en 1765, deux ans après l'expédition de Kourou, les premiers étaient au nombre de 2,404 et les esclaves de 8,047

Malgré le retentissement que cette malheureuse expédition eut en France, trois ans après on en tentait une nouvelle. Ce fut le comte de Bessner qui la fit accepter ; mais, comme précédemment, l'insuccès fut complet et la compagnie y perdit les 800,000 francs qu'elle avait avancés.

Il était temps de s'arrêter dans cette voie d'erreurs et de mécomptes. Le gouvernement choisit alors comme gouverneur M. Malouët, homme intègre et administrateur habile, qui après une étude approfondie du pays et de la colonie voisine, s'attacha à cultiver les terres basses. Les travaux qu'il accomplît furent considérables et l'impulsion qu'il donna à l'agriculture eut été des plus utiles à la colonie, s'il avait pu lui continuer son habile direction. Mais en 1778 il dut quitter le pays pour cause de santé. Dès lors, les entreprises hasardeuses et les insuccès reparaissent et se succèdent avec les gouverneurs. Bessner, revenu comme gouverneur, en 1781, échoue de nouveau sur le Tonnegrande avec des soldats acclimatés ; Villeboi, en 1788, sur la rive droite de l'Appronague ; enfin, d'Allais, en 1789, sur les bords de l'Ouanary.

Pendant ce temps, mais pour d'autres causes, nos voisins n'étaient pas plus heureux. Aux désastres financiers qui suivirent l'incendie de 1763, aux épidémies de variole et de lèpre qui décimèrent la population européenne et les ateliers, en 1763 et 1783, il faut joindre les embarras d'une nouvelle révolte des nègres qui dura 9 ans, de 1767 à 1776 ; et, enfin, comme dernière épreuve, la guerre contre l'Angleterre. L'amiral anglais, sir Georges Rodney, en effet, après s'être emparé de plusieurs possessions hollandaises des Antilles, occupa successivement Essequébo, Berbice et Démérary, sur la terre ferme ; et se présenta, dans le mois de février 1781, devant Surinam. La flotte de l'amiral français Kersaint sauva la colonie hollandaise. Grâce au courage de nos marins, les conquêtes des anglais furent reprises ; et, un an après, en février 1782, toutes étaient rendues aux hollandais.

De 1783 à 1789, la colonie put jouir de quelque repos, mais il fut de courte durée. Les années 1789 et 1790 furent, en effet, marquées par une nouvelle épidémie de variole, par l'extension de la lèpre et une autre révolte des noirs, qui, cette fois, trouva un aliment nouveau dans l'émancipation qui venait d'être proclamée à Cayenne. Ce fut dans cette situation que la colonie fut cédée par contrat aux anglais, le 17 août 1790.

Rendue aux hollandais à la paix d'Amiens, le 27 mars 1802, elle fut de nouveau reprise par les Anglais en 1804, et ne revint à la Hollande, en 1814, qu'après avoir été démembrée par l'Angleterre, qui garda les terres situées à l'ouest du Corentyn.

A partir de 1789 notre colonie devait forcément se ressentir des graves événements que traversait la métropole. Dès que les premiers bruits de la révolution furent connus, l'insubordination se répandit rapidement ; et, comme nous l'avons vu, avec d'autant plus de succès et de chance d'impunité que la colonie voisine était en pleine révolte. Du reste, l'égalité des droit civils accordée aux gens de couleur d'abord, et l'abolition de l'esclavage ensuite, donnèrent pleine raison à cette disposition des esprits. Ce ne fut cependant que le 14 juin 1794 que Joannet Oudin publia ce dernier décret. Contrairement à ce qui se passa aux Antilles, il n'y eut aucun crime commis ; mais, comme aux Antilles, les ateliers furent abandonnés. La Convention, informée, prescrivit le travail sous peine de poursuite comme crime de contre-révolution. Mais cette mesure sévère fut éludée, et les plantations ne restèrent pas moins sans bras. Du reste, depuis ce moment, jusqu'à celui qui ferme la deuxième période, les événements politiques ne laissèrent plus de place pour les soucis de l'agriculture. La Guyane, à laquelle l'expédition de Kourou avait laissé une réputation d'insalubrité dangereuse, ne parut plus devoir être utilisée, je l'ai dit en

commençant, que comme lieu d'exil. Elle reçut les vaincus
politiques que l'on vouait à la mort. C'est ainsi qu'en 1796
elle vit débarquer les déportés de thermidor, et, un an après,
ceux de fructidor. Parmi les premiers se trouvaient Collot-
d'Herbois, qui mourut à l'hôpital de Cayenne, et Billaud-
Varennes. Parmi les autres on comptait : Barthélemy,
Laffon-Ladébat, Tronçon-Ducoudray et Pichegru. Enfin, en
1798, plus de cinq cents victimes de nos troubles politiques furent jetés sur les rives du Synnamary et du Counamama et y périrent, pour la plupart, de maladie, de dénue-
ment ou de chagrin.

De ce moment, le seul soin de la colonie fut de se défendre
contre l'étranger. Hugues, son gouverneur, arma des corsaires à Cayenne, les monta avec la population entreprenante
du pays et, tout d'abord, le succès couronna son courage.
De belles prises, pour un instant, enrichirent le pays ; mais
les revers suivirent de près. Abandonné de la métropole,
ayant à lutter contre les forces réunies des Portugais et des
anglais, il dut capituler, en 1809, en stipulant toutefois que
la colonie serait remise aux mains des portugais. Ce sont eux
qui la gardèrent jusqu'au traité de 1815, traité qui la rendit à
la France, mais dont l'exécution n'eut lieu qu'en 1817.

Il est dix heures et demi. C'est vous dire que vous m'avez
accordé votre bienveillante attention pendant une heure et
demie et je ne voudrais pas en abuser plus longtemps. Je
m'arrêterai donc pour ce soir à la fin de la deuxième période
et j'achèverai dans la prochaine séance. Mais pendant que
je passais en revue les faits si nombreux qui appartiennent à
ces deux premières périodes, une réflexion s'est présentée à
mon esprit ; et, avant de vous quitter, je vous demande la
permission de vous la communiquer.

Dans cet historique vous avez vu quel avait été le rôle des
trois principaux peuples qui se sont rencontrés sur cette
terre : la Hollande, l'Angleterre et la France. Or, si nous

examinons ces trois rôles dans leur ensemble, il me semble que ce fait s'en dégage bien évident : que l'Angleterre, sauf de rares exceptions, n'est intervenue que pour ruiner ces colonies au fur et à mesure que la Hollande et la France les reconstituaient ; de sorte que les deux puissances qui, au moins à la Guyane, ont été *colonisatrices*, sont la Hollande et la France, tandis que l'Angleterre n'y a été qu'un fléau de guerre ; et que si depuis 1815 une Guyane est à l'Angleterre, c'est qu'elle l'a trouvée toute faite.

Eh bien, Messieurs, et c'est là le point sur lequel je veux appeler votre attention, il en a presque toujours été ainsi.

Prenons d'abord les colonies de l'ancien continent et commençons par l'Inde.

L'*Inde* a été explorée, conquise et organisée par un administrateur français, Dupleix, aidé par un marin, La Bourdonnais ; et l'Inde serait française si l'État les avait soutenus, ne fut-ce que moralement. L'Angleterre n'a eu qu'à substituer une autre compagnie à notre compagnie des Indes orientales ; elle en a pris jusqu'à l'organisation et le nom. Vous savez, en effet, que ce n'est que depuis 1858 que la Compagnie anglaise des Indes est supprimée.

De l'Inde je passe à *Maurice*.

Occupée dès 1742 par des français, elle sert de point de ravitaillement à La Bourdonnais. C'est là qu'il répare ses navires : il y arme des corsaires et fonde une colonie puissante. Après avoir été française pendant cent ans, elle est prise en 1810, et, une fois faite, nous la cédons à l'Angleterre en 1814 !

Le *Cap* : fondé par le chirurgien hollandais Rubeck, en 1650 ; possédé par les Hollandais jusqu'en 1795, cédé à l'Angleterre, d'une manière définitive, en 1809 !

L'histoire de l'*Egypte* est trop récente pour que j'aie besoin de la rappeler. Il en est de même de *Chypre*.

Enfin, l'Angleterre a-t-elle colonisé Malte ?

De l'ancien continent passons au nouveau ; c'est d'abord *Terre-Neuve*.

Découverte par Cabot, en 1497, nous fondons les premiers établissements en 1688 ; et, cent ans après, une fois fondée, nous la cédons à l'Angleterre par le traité d'Utrech, en 1713 !

Au-dessous se trouve le *Canada*, découvert également par Cabot, en 1497 ; il est occupé par Verrazini, au nom de François Ier. Carton y fonde Sainte-Croix, en 1540, et Champlain, Québec, en 1608 ; et cinquante ans après, lorsque déjà il était prospère, nous l'abandonnons à l'Angleterre par le traité de Paris, en 1763 !

Descendons aux *Antilles* et nous verrons que, pour la plupart, elles furent acquises par l'Angleterre en 1815.

Enfin, je viens de vous faire l'histoire de la *Guyane*.

Et qu'on ne croie pas que dans ces colonies nous n'avons fait que passer, que nous n'en avons pris qu'une possession nominale.

Non, Messieurs, nous les avons peuplées de nos enfants, et fertilisées de notre sang.

Il y a quelques mois à peine qu'un des personnages les plus autorisés de Québec, allant faire ses adieux à l'amiral français, commandant la station de l'Amérique du Nord, et se faisant l'interprète de la population de la ville, lui disait que si la France, dans un jour de malheur, avait perdu le territoire de Canada, elle avait conservé l'affection de tous ses enfants. Et il y a 120 ans que nos couleurs ont disparu du sol canadien ! Or, il faut que cette colonie fut réellement française pour qu'après avoir vécu plus d'un siècle sous la domination de l'Angleterre, on trouve encore dans son peuple des sentiments aussi français.

On le voit donc, si de l'empire colonial de l'Angleterre nous retranchions l'Inde, Maurice, le Cap, l'Egypte, Chypre, Malte, Terre-Neuve, le Canada, les Antilles anglaises et la Guyane, il me semble que cet empire serait notablement amoindri, et que le nôtre pourrait lutter avec le sien sans désavantage. Je veux donc en conclure que ce qui a fait l'empire colonial de l'Angleterre, c'est moins son génie colonisateur,

que ses escadres de guerre, sa puissance maritime militaire; et il serait à désirer que les dispensateurs des deniers
publics voulussent bien ne pas l'oublier quand il s'agit du
budget de la marine.

La vérité est que c'est nous qui faisons les colonies, et
qu'une fois faites, c'est l'Angleterre qui les prend.

Ce sont là, je le sais, des opinions qui me sont personnelles; mais avant de nous refuser toute aptitude colonisa-
trice pour en doter les anglais, je voudrais que l'on interrogeât
l'histoire des colonies; et je suis convaincu que, comme moi,
l'on arriverait à cette conclusion : qu'aussi bien qu'aucune
autre puissance, la France sait prodiguer ses enfants pour
faire des colonies, et que, mieux qu'aucune autre, elle sait
s'en faire aimer.

*
* *

Dans ma dernière communication j'ai divisé l'histoire de
la Guyane en trois périodes; l'une commençant à sa découverte et s'étendant jusqu'au traité franco-hollandais, en 1668,
une autre allant de cette date à 1815, et la dernière embras-
sant l'espace compris depuis 1815 jusqu'à nos jours.

Or, je tiens à le rappeler, cette division, qui m'est personnelle, n'est pas arbitraire. Elle est basée sur les faits les plus
importants de l'histoire de ce pays : ses divers modes de
répartition entre les puissances européennes. Pendant la
première période, en effet, il n'y a véritablement qu'une
Guyane, chaque expédition pouvant s'établir sur tous les
points inoccupés; dans la seconde, il y a deux Guyanes,
l'une hollandaise et l'autre française, avec des limites nette-
ment posées et consenties; enfin, pendant la troisième, il y a
trois Guyanes : Hollandaise, Anglaise et Française.

Ainsi, première période, une Guyane; deuxième période,
deux Guyanes; troisième période, trois Guyanes. Voilà, ce
me semble, une division des plus logiques et aussi des plus
faciles à retenir.

Quant aux dates, trois seulement sont importantes : 1500 pour la découverte, 1668 pour le commencement de la deuxième période et 1815 comme date de la division qui existe encore de nos jours.

Dans la dernière réunion, je vous ai donné, en me pressant beaucoup, l'histoire des deux premières périodes, comprenant plus de trois siècles ; et comme je crains d'avoir trop multiplié les dates et les faits, j'ai résumé sur ces tableaux ce qui, dans les deux périodes, me paraît mériter une importance plus grande ; je vais seulement les énumérer.

Dans la première période nous trouvons :

1498. — Quatrième voyage de Christophe Colomb ;

1499-1500. — Voyage de Vincent Pinçon ;

1550 ? — Voyage de Martinez (Légende de l'El'dorado).

1580-1620. — Voyages des aventuriers ;

1608. — Voyage de la Ravardière ;

1580 et 1660. — Tentatives des Hollandais ;

1630 et 1650. — Tentatives des Anglais ;

1626 à 1644. — Compagnie de Rouen ;

1644 à 1652. — Compagnie du Cap Nord ;

1652 à 1664. — Compagnie de la France Equinoxiale ;

1664 à 1674. — Compagnie des Indes occidentales.

Dès la seconde période, je vous l'ai dit, les deux histoires de la Guyane anglaise et hollandaise doivent être étudiées séparément. Cependant, j'ai cru qu'il y aurait quelque avantage, pour comparer la marche de ces deux colonies, de rapprocher les dates des principaux évènements qu'elles ont vu se dérouler ; et c'est ce qui a été fait dans ce deuxième tableau.

TABLEAU résumant la deuxième période. — 1668. Traité Franco-Hollandais.

Hollande			France
Guerre avec les Caraïbes	1669		
		1674	Abolition des Compagnies.
		1676	D'Estrée.
		1686	Echec de Ducasse.
Révolte de la colonie et assassinat de Somelsdyk	1688		
Prospérité de la culture		1713	Traité d'Utrecht.
Traité avec les nègres Bosch, les fixant sur le Haut-Maroni	1717 à 1725		
	1761		
Kersaint reconquiert les colonies hollandaises sur Rodney		1763	Expédition de Kourou.
Cession à l'Angleterre	1782	1782	Kersaint. Agrandissement de Cayenne.
	1790		
Retour à la Hollande		1793 à 1798	Déportation politique.
Reprise par les Anglais	1802	1808	
	1804		Conquête par les Anglais et les Portugais.
Démembrement par l'Angleterre	1815	1815	Retour à la France.

Les principaux faits des deux premières périodes rappelées, j'aborde l'étude de la troisième.

Depuis 1815, trois puissances européennes se sont partagées le territoire des Guyanes. La moitié de la Guyane hollandaise environ a été gardée par l'Angleterre, et constitue maintenant la Guyane anglaise. Depuis, chacune de ces colonies a vécu d'une vie propre, recevant de sa métropole une impulsion différente ; et, quoique on retrouve dans la population un fond commun au point de vue des usages et des mœurs, témoignage encore vivant de leur commune origine, cependant chaque nation européenne lui a imprimé un cachet spécial que l'on reconnaît facilement dès que l'on arrive dans leurs capitales. Les villes de Georgetown, Paramaribo et Cayenne constituent bien maintenant un coin de l'Angleterre, de la Hollande et de la France.

Pour cette dernière période, l'histoire de ces trois colonies étant dont complètement distincte, je ne m'occuperai que de la nôtre, me contentant de citer quelques faits les plus saillants pour les deux autres. Comme pour la deuxième période, j'ai réuni ces faits dans un tableau synoptique qui vous permettra de les classer plus facilement dans leur ordre chronologique.

Guyane Hollandaise. — Elle ne fut rendue à sa métropole qu'en 1816. Ses faits, les plus saillants de cette époque jusqu'à nos jours, sont : deux incendies qui dévorèrent Paramaribo en 1821 et 1832, l'embargo en 1833, l'abolition de l'esclavage en 1863 et la découverte de l'or en 1874.

Guyane Anglaise. — C'est à la même date, en 1816, que l'Angleterre a définitivement occupé cette portion de la Guyane. Du reste, elle n'a fait que suivre l'impulsion donnée par la Hollande. Elle a conservé jusqu'aux mêmes divisions administratives.

Comme la Guyane hollandaise, la Guyane anglaise s'occupe d'agriculture ; et, de plus, fait un commerce assez important que lui facilite la proximité de l'Orénoque. Le seul fait digne d'être signalé, c'est l'abolition de l'esclavage en 1834.

GUYANE FRANÇAISE. — Ce n'est qu'en 1817 que les Portugais nous remirent notre colonie. Vous devez vous rappeler, en effet, que forcés de la rendre, en 1808, aux forces réunies des Anglais et des Portugais, Hugues avait stipulé qu'il ne se rendrait qu'à ces derniers. De 1808 à 1817 notre Guyane vécut donc sous le gouvernement portugais. Mais celui-ci, convaincu qu'il ne la garderait pas, s'occupa peu de son avenir ; et aussi nous la laissa-t-il avec une population inférieure à celle qu'elle avait avant.

Mais, dès 1817, grâce à l'intelligence et à l'énergie des colons (ils étaient moins de mille), le travail recommença : et pendant treize ans le chiffre de la population et de la production suivit une marche rapidement ascendante. Les européens augmentaient par une émigration lente et choisie, et les hommes de couleur par la traite. L'esclavage, en effet, momentanément aboli, avait été rétabli par le Directoire. Mais le Gouvernement de 1830, s'il n'osa l'abolir de nouveau, supprima tout au moins la traite ; et notre colonie se ressentit forcément de cette mesure, qui pourtant s'imposait. Cependant, sans se décourager, elle sut remplacer la traite par l'immigration ; et, de nouveau, la production reprenait son mouvement ascendant, quand la Révolution de 1848 vint, une fois encore, désorganiser ses ateliers, et, par des mesures précipitées, la ruiner.

Depuis quatorze ans, il est vrai, l'esclavage n'existait plus dans la Guyane anglaise ; mais nos voisins avaient su préparer cette mesure définitive par une série d'autres transitoires ; et les propriétaires avaient eu le temps de remplacer peu à peu l'esclave par le travailleur libre. Chez nous, au contraire, la transition fut brusque et inattendue comme le changement politique dont elle était la conséquence. Aussi toutes les habitations furent-elles abandonnées, et la misère fut à son comble. On vit les plus riches propriétaires solliciter pour vivre des emplois les plus modestes, tandis que leurs terres devenues inutiles restaient sans culture.

Aussi une partie de la population reçut-elle avec plaisir le décret de 1851 qui choisissait la Guyane comme colonie pénitentiaire. On put croire encore que l'on trouverait quelques travailleurs parmi les libérés pour le travail libre, et parmi les condamnés pour les travaux d'utilité générale.

Je me promets de vous faire un jour l'histoire, si riche en enseignements, de la transportation. Pour ce soir, qu'il me suffise de vous dire que, de 1852 à 1866, le cultivateur européen trouva le même sort que dans toutes les tentatives de colonisation antérieure : la mortalité effraya l'administration pénitentiaire elle-même. Après avoir tenté la culture des terres à l'est de Cayenne, elle porta ses efforts sur les rives du Maroni. Des quinze villages fondés dans l'est, il ne reste plus une maison debout. Quant à la tentative du Maroni elle ne se soutient que péniblement.

Cédant enfin à la pression générale, l'administration supprima la transportation européenne obligatoire en 1866 ; et depuis la Guyane n'est plus un lieu de transportation que pour les hommes de couleur.

Tels sont les principaux faits que je crois utile de vous signaler dans l'histoire de notre colonie depuis 1815 jusqu'à nos jours. J'en ai donc fini avec la première partie de mon programme, l'histoire de la Guyane ; et je vais pouvoir aborder la seconde, celle de la discussion de ses limites, c'est-à-dire celle des *territoires contestés*. Mais avant, je pense vous être agréable en donnant quelques détails sur la question aurifère, détails qui, du reste, ne feront que mieux ressortir l'importance qui s'attache à la question des limites.

Je vous ai dit que vers le milieu du seizième siècle, un espagnol du nom de Martinez avait raconté, sur la foi des habitants, que sur la rive gauche de l'Amazone se trouvait un pays du nom de *Ouyana*, dans lequel existaient d'immenses trésors ; et que ce fut cette révélation, mal interprétée, qui donna lieu à la légende de l'Eldorado, et à laquelle il faut rapporter les insuccès de tous les explorateurs qui s'épuisèrent à la recherche de ce palais chimérique, quand beaucoup d'entr'eux foulaient aux pieds le véritable trésor.

Sous l'influence de ces insuccès, du reste, l'idée de la Manoa d'el Dorado passa à l'état de légende, et le trésor de la Guyane se confondit bientôt avec celui dont parle Lafontaine dans la fable du laboureur et ses enfants. Beaucoup, en effet, ne virent plus le trésor que dans la fertilité du sol.

Cependant, l'idée de ces trésors vivait encore dans l'opinion des colons du pays, surtout de la population de basse condition; et cette question faisait souvent le sujet de leur conversation. Mais personne, jusque là, n'avait envisagé la question sous son véritable jour, quand, en 1854, un indien brésilien, du nom de Paoline, en parcourant un affluent de l'Approuague l'*Arataïe*, trouva un morceau d'or qu'il porta à l'administrateur de la région, M. Couzyy. Celui-ci qui était alors lieutenant commissaire commandant de l'Approuague, comprenant toute l'importance de cette découverte, se fit conduire sur les lieux en juillet 1855, et il put se convaincre de sa réalité. Il rapporta quelques pépites, dont plusieurs assez volumineuses.

Dès lors, la présence de l'or dans notre colonie fut officiellement reconnue; le Gouvernement en fut informé, et, le 20 mai 1857, se formait à Paris la première compagnie aurifère, qui prenait le nom de *compagnie agricole et aurifère de l'Approuague*, et qui obtenait le droit d'exploitation dans 200,000 hectares. Le but de cette compagnie, comme l'indique son nom, était, en effet, double : d'abord, exploiter l'or, et ensuite, créer un grand centre agricole. Ce double but pouvait être facilement atteint. Mais, pour des raisons nombreuses, quoique la production de l'or fut assez considérable, la compagnie ne put continuer l'exploitation ; et elle fut cédée une première fois en 1867.

La seconde compagnie ne fut pas plus heureuse ; et, trois ans après, elle dut de nouveau consentir à liquider. C'est à cette époque, en 1870, que l'exploitation de l'Approuague tomba dans les mains d'un propriétaire et directeur habile qui, dans l'espace de quelques mois, sût trouver sur son placer assez d'or pour dépasser le prix d'achat. Le placer, à cette époque, sous l'active direction de M. Jalbaud, ce soir parmi nous, donna jusqu'à 40 kilogr. d'or par mois.

Depuis, de nombreuses compagnies, d'importance variable, se sont constituées ; et successivement ont exploité les bassins de l'Approuague, de la Comté, du Synnamary, de la Mana et, enfin, du Maroni.

C'est le bassin de ce fleuve qui l'a été le dernier. De nombreux travailleurs y étaient déjà, cependant, en 1878. Mais jusque là, c'était la portion qui est au-dessous du Tapanahoni qui était travaillée, et presque exclusivement notre rive.

Cependant, pendant que j'étais au Maroni, au commencement de 1877, je vis descendre un chercheur d'or qui me raconta qu'il avait trouvé dans le haut de l'Awa, un terrain excessivement riche. Malheureusement, les frais d'exploitation étaient tels, qu'ils dépassaient encore le produit de l'exploitation. Mais, depuis, d'autres recherches ont été faites et, d'après des nouvelles toutes récentes, les quantités d'or trouvées dépassent toutes les prévisions. D'après des renseignements que je tiens d'un chercheur des plus intrépides de la Guyanne, et ce qui ne gâte rien, un des plus heureux, M. Siguier, ce soir également parmi nous, dans le mois de novembre dernier, la quantité d'or trouvée par huit hommes seulement, a été de 57 kilogr. !

Mieux que toutes les autres explications ces chiffres établissent l'importance qui s'attache à la possession de ce terrain. Or, voyons maintenant quels sont nos droits sur lui.

TERRITOIRE CONTESTÉ DE L'OUEST. — Le traité de 1668, je l'ai dit, avait simplement désigné le Maroni pour limite entre la France et la Hollande ; et, à l'époque, il semblait que cette marque de délimitation fut suffisamment précise. Si, en effet, on savait que vers le 4° degré de latitude nord, deux cours d'eau se rencontrent pour constituer le Maroni, on croyait que c'était l'affluent de gauche qui était le plus important, et devait réellement être considéré comme la continuation du fleuve l'autre n'étant qu'un affluent. Ce qui, d'après le commandant Vidal, aurait pu faire admettre cette erreur, c'est que l'Awa, près du confluent, est divisé en plusieurs bras, et qu'un seul de ses bras, celui qui avoisine le Tapanahoni, avait été reconnu.

Mais quelle qu'en soit la cause, il ne résulte pas moins des faits sur lesquels je vais insister, que pour les deux parties contractantes du traité de 1668, et longtemps après, le véritable bras limitrophe a été celui de gauche.

Puis le silence s'est fait sur cette question ; et la France, absorbée par ses intérêts continentaux, est restée si peu attentive aux questions d'outre-mer, que, vers 1860, deux siècles après le traité, quand la Hollande nous voyant jeter les bases d'une colonie pénitentiaire sur la rive droite du Maroni, crût ou feignit de croire qu'il y avait là une question indécise, elle accepta ses protestations ; et, pour éclairer les deux nations, il fut convenu qu'une expédition *franco-hollandaise* explorerait le Maroni et ses deux bras. Cette commission fut constituée par les représentants des deux nations, et le commandement en fut donné au commandant Vidal, en ce moment enseigne de vaisseau. Je lui laisse le soin et le mérite de nous raconter lui-même cette expédition, qui fut des plus intéressantes et des plus utiles, aussi bien au point de vue de la géographie qu'à celui des sciences naturelles.

Je ne veux retenir de ce voyage que ce fait qui nous intéresse spécialement, que la commission a reconnu que c'est l'Awa qui est notablement plus important que le Tapanahoni ; le débit du premier est approximativement de 36,000 mètres cubes à la minute, et le débit de l'autre ne dépasserait pas 20,000, et qu'ensuite c'est l'Awa qui a le cours le plus long.

La Commission, il est vrai, n'avait pas pour mission de juger la question du territoire contesté ; mais il est évident que, dans la discussion à intervenir, ces faits seront de puissants arguments en faveur de la Hollande ; et c'est déjà ce qui l'a amené à demander que les travaux soient suspendus sur ce terrain, et en même temps ce qui a conduit la France à céder à sa demande.

Or, il me semble que la Hollande a déplacé la question, et que nous devons la ramener sur un autre terrain.

Il est incontestable que si les deux nations n'avaient aucun document pour se guider; que si, depuis 1668, elles n'avaient jamais eu à se demander ce qu'elles entendaient par Maroni, la détermination de nos limites, basée sur l'importance respective des deux affluents, serait la plus facilement acceptable. Mais, très heureusement, nous ne sommes pas dépourvus à ce point de données historiques ; et, pour ce qui me concerne, j'en fournirai deux qui me paraissent avoir une valeur réelle.

La première est celle que je tiens d'une carte que je vous ai déjà montrée et qui date de 1741, carte trouvée dans les rebuts de la Bibliothèque de Cayenne, et qui porte pour titre : *Copie d'une carte manuscrite de la Guyane, dressée par les Jésuites en 1741, communiquée par M. Buache en 1787* (1). Or, comme vous pouvez le voir sur cette carte, le pointillé indiquant notre limite du côté de la Hollande suit manifestement le trajet du Tapanahoni et non celui de l'Awa. C'était donc bien là notre limite pour les jésuites qui ont fait cette carte. Or, je dois le faire remarquer, la Compagnie de Jésus est une société universelle et pour laquelle on ne saurait donc admettre que c'est un sentiment français qui leur a fait porter le pointillé plutôt sur un affluent que sur un autre. Ce qui prouve, du reste, que cette carte tenait bien compte de la répartition des terres de la Guyane telle qu'elle existait à l'époque, c'est que nous y voyons figurer le territoire contesté de

(1) Cette carte a été donnée dans un Bulletin précédent.

l'Est, qui ne datait que du traité d'Utrecht, soit trente-trois
ans avant. Aussi, cette seule preuve semble démontrer que,
dans le traité de 1668, c'est bien l'affluent de gauche que la
France et la Hollande ont, d'un consentement commun, accepté pour limite; et ensuite que, quatre-vingts ans après,
en 1747, c'est encore ainsi que les deux nations l'entendaient.
Or, aucun traité n'étant intervenu depuis, il n'y a pas de raison pour que ces limites ne soient pas restées les mêmes.

Un autre fait vient à l'appui du précédent. Je vous ai dit
qu'après une longue guerre contre les nègres Bosch, guerre
qui avait menacé l'existence de la colonie, le gouvernement
de Paramaribo avait désarmé ses adversaires en reconnaissant leur indépendance; et qu'un traité consacrant cette indépendance était intervenu en 1761, soit quarante-quatre ans
après le relèvement de notre carte.

Or, dans ce traité, d'une part le gouvernement hollandais
reconnaît l'indépendance des nègres et s'engage à leur payer
un tribut de 1,200 p. par an ; et, d'autre part, les nègres s'en-
gagent à se fixer sur le *haut Maroni* et à repousser de leur
sein tout nègre Marron qui voudrait venir grossir leur
nombre.

Tous ces engagements sont encore en pleine vigueur, y
compris l'impôt que le gouvernement paye au chef des
nègres Bosch ; or, où se trouvent ces nègres Bosch qui touchent le tribut? C'est sur le Tapanahoni, et exclusivement
sur ce bras du fleuve que le commandant Vidal les a trouvés
en 1861, et ils y étaient encore en 1877.

Ce nom de nègres Bosch désigne tous les noirs vivant li-
brement dans les bois ; mais ceux du Tapanahoni ont pris le
nom de Joucas, et ce sont eux qui, exclusivement, je le répète, touchent le tribut ; ils savent qu'ils descendent de ces
noirs qui ont imposé le tribut à la Hollande, et ils exercent
une véritable suzeraineté sur tous ceux qui les entourent.

Par conséquent, en 1761 comme en 1744, c'était bien le
bras gauche du Maroni qui, pour la Hollande comme pour la

France, était le bras limitrophe ; et ce n'est pas parce que depuis la science géographique a fait mieux connaître l'importance relative de ces deux bras que l'esprit de la convention doit être modifié. Qui nous dit que depuis deux cents ans l'importance relative de ces deux cours d'eau n'a pas changé ? Qui nous dit que, dans la suite, le Tapanahoni ne reprendra pas son ancienne prépondérance, s'il l'a eue autrefois ? L'importance d'un cours d'eau accepté comme limite ne vient pas de son débit ; elle est toute de convention. Il me semble donc que la question est résolue par l'histoire, et que, le bras gauche du Maroni serait-il à sec, ce serait encore lui qui devrait nous servir de limite.

Je passe maintenant à notre territoire contesté de l'Est.

Pour établir nos droits dès le début, je rappellerai que, pour les quatre compagnies qui se sont succédé dans l'exploitation commerciale de la Guyane, les privilèges accordés par les divers rois de France s'étendaient de l'Orénoque à l'Amazone ; la rive gauche de ce fleuve était donc comprise dans ces limites.

Ce sont ces mêmes fleuves qui, dans l'esprit de la Hollande et de la France, devaient borner leur possession quand elles conclurent le traité de 1668, la Hollande ayant la rive droite de l'Orénoque, et nous la rive gauche de l'Amazonne. Or, aucune puissance n'a fait de réserve à l'époque.

Du reste, dès ce traité, nos limites prirent des lignes plus précises qu'on ne semble le croire maintenant ; et, sinon un traité, du moins des conventions verbales nous donnaient comme limite : au Sud, le Rio-Blanco, et à l'Est, la rive gauche de l'Amazone elle-même jusqu'à sa rencontre avec le Rio-Negro.

Cette manière d'envisager nos limites était si bien un droit pour nous, que, quelques années après le traité de 1668, le Brésil ayant construit des forts sur la rive gauche de l'Amazone et près de son embouchure, entre autre celui d'Araguary ou Araguais, la France protesta ; et que les Brésiliens furent obligés de l'abandonner et de détruire leurs forts. Deux ans après même, aux instigations de M. de Ferolles, le Portugal signa à Lisbonne, le 4 mars 1700, un traité *provisionnel* qui ne reconnaissait d'autres limites à nos possessions que le cours de l'Amazone.

Ainsi, depuis 1626, date de la création de la Compagnie de Rouen, jusqu'en 1700, le doute n'est pas permis : notre territoire s'étendait jusque et y compris la rive gauche de l'Amazone ; et si quelques prétentions contraires s'étaient élevées de la part du Portugal, le traité de Lisbonne, en 1700, les avait fait taire.

Malheureusement, treize ans après intervint le traité d'Utrech, qui porta le premier coup à nos possessions coloniales.

Dans ce traité, qui termina la déplorable guerre de la succession d'Espagne, les articles 8 et 9 sont consacrés au pays dont nous nous occupons. Vu leur intérêt, je les cite textuellement.

« *Article 8.* — La France renonce à la propriété des terres » appelées du Cap Nord, et situées entre la rivière des Amazones » zones et celles d'Iapock ou de Vincent-Pinçon.

» *Article 9.* — Les Portugais pourront rebâtir les forts » d'Aragouary et de Camau ou Macapa, aussi bien que tous » les autres qui ont été démolis en exécution du traité de » 1700, qui se trouve entièrement abrogé. »

Quelles sont les limites de terrain visées dans ce traité? Où se trouve la rivière *Yapock?* Le mot *oyac* veut dire *fleuve*, *pok* veut dire *embouchure* ; il y a donc autant d'Oyapok qu'il y a de fleuves. Quant à la rivière de *Vincent-Pinçon*, nous savons que c'est immédiatement après avoir repassé la ligne que ce navigateur reconnut l'embouchure du fleuve auquel il donna son nom. Ce n'est donc pas de notre Oyapok qu'il peut s'agir ici ; et même nos adversaires n'ont pu soutenir cette confusion qui n'est que dans les mots. Il en est tellement ainsi, que les Portugais ayant voulu se rapprocher trop de nous, les gouverneurs de Cayenne, jaloux de maintenir nos droits, protestèrent; et qu'en 1736, vingt-trois ans seulement après le traité d'Utrech, alors qu'il était encore facile de savoir quelle avait été la pensée de ses négociateurs, le Portugal s'engagea officiellement à cesser ses empiètements sur le territoire contesté. Outre cette promesse, dont il reste la trace diplomatique, nous avons de nouveau, pour nous guider, la carte de 1741, faite cinq ans après les promesses données par le Portugal, et qui indique les limites de la France, celles du Brésil, et qui, entre les deux, laisse un territoire sans désignation. Or, je refais ici l'observation que j'ai présentée pour la limite du Maroni. Les jésuites doivent, dans ce cas, être d'autant moins suspects de partialité en notre faveur, qu'en ce moment, comme leur carte elle-même l'indique, leur principal établissement était sur la rive gauche de l'Amazone, qu'ils étaient tout-puissants sur ce point, et qu'augmenter notre territoire c'était pour ainsi dire restreindre le leur.

Cependant, la question resta pendante, chacune des deux nations, le Portugal et la France, interdisant à sa voisine toute intervention trop active et surtout toute occupation militaire, quand arriva le traité de Madrid, en 1801. Dans la discussion de ce traité, la France, reprenant ses droits, demanda et obtint de reporter ses limites jusqu'au *Carapanatuba*; et, pour éviter toute erreur de désignation dans un pays aussi peu connu, on fixa en même temps le point géographique de l'embouchure 0°,10′ Nord. Nous renoncions à la rive gauche de l'Amazone, mais nous nous en approchions autant que possible.

Le traité d'Amiens, qui suivit celui de Madrid d'un an (1802), nous fit monter un peu dans le nord, et nous conduisit jusqu'à l'*Ouanary*.

Ce furent là nos limites de 1802 à 1845. On sait combien notre diplomatie fut faible dans la discussion de ce traité. On sait que les îles de Guernesey, Jersey et Aurigny, terres françaises s'il en fut, furent oubliées! Comment s'étonner que des colonies comme la Guyane aient été peu défendues,

La convention de 1817, complétant le traité de 1815 qui nous rendit la Guyane, nous fixa pour limite provisoire l'Oyapock du cap d'Orange, en ajoutant qu'une convention interviendrait pour le terrain contesté. Cette convention, promise en 1817, nous l'attendons encore.

Cependant depuis, tous nos gouverneurs se sont efforcés de maintenir nos droits sur le territoire au-delà de l'Oyapock. En 1836 même une goélette de guerre, commandée par l'amiral Penaud, alors lieutenant de vaisseau, fut envoyée dans le lac Mapa pour y établir une station. Mais le Brésil réclama et la goélette ne fut pas remplacée. De notre côté, le Brésil ayant voulu faire quelques fortifications, nous avons protesté et le Brésil s'est retiré. Depuis, la question n'a subi aucune modification.

Sans avoir l'importance immédiate de l'autre, ce territoire contesté nous intéresse, ne serait-ce que pour son étendue. Sa superficie est presque aussi vaste que notre Guyane actuelle. De plus, il possède de nombreux lacs poissonneux, donnant lieu à une pêche très productive et qui pourrait le devenir bien davantage si elle était bien réglée.

Enfin, la proximité de ce terrain de l'embouchure de l'Amazone, dont le bassin est un des plus vastes du monde, peut d'un jour à l'autre donner à tout ce delta une valeur considérable. Sa possession peut donc avoir de sérieux avantages pour nous, et il est temps que la question pendante de sa délimitation soit enfin résolue.

Quant à cette délimitation elle-même, si le nombre des établissements formés par le Brésil sur la rive gauche de l'Amazone peut lui servir de titre de possession de cette rive gauche jusqu'à une certaine distance, le passé de ce pays, les divers traités intervenus en 1700, 1713, 1736, 1801 et 1802, et même celui de 1815, enfin, et la réserve même du Brésil, semblent nous autoriser à porter nos prétentions jusqu'à l'Ouanary; et je pense qu'en le faisant, la France ne demanderait que ce qui lui appartient.

1815. — TRAITÉ DE PARIS.

France

- 1847. — Retour à la France. — Limites provisoires, l'Oyapock. — Convention à intervenir.
- 1830. — Suppression de la traite.
- 1848. — Suppression de l'esclavage.
- 1851. — Déportation et transportation.
- 1854. — Essais à l'est de Cayenne.
- 1855. — Découverte de l'or.
- 1858. — Essai de la transportation sur le Maroni.
- 1864. — Expédition du Commandant Vidal.
- 1866. — Suppression de la transportation européenne.

Angleterre

- 1816. — Prise des possessions.
- 1834. — Suppression de l'esclavage.
- 1878. — Arrivée de 100,000 Hindous.

Hollande

- 1816. — Exécution du Traité.
- 1817. —
- 1821. — Incendie de Paramaribo.
- 1830. —
- 1832. — 2me incendie de Paramaribo.
- 1833. — Embargo.
- 1834. —
- 1848. —
- 1851. —
- 1854. —
- 1858. —
- 1861. —
- 1863. — Abolition de l'Esclavage.
- 1866. —
- 1874. — Découverte de l'or.
- 1878. —

Je vous ai dit, en commençant ma première communication, que c'est après avoir étudié la Guyane que je suis
resté convaincu qu'on l'avait jugée trop sévèrement ; et cependant, vous l'avez entendu, l'exposé que je vous ai fait de
son passé n'est qu'une longue série de revers. Il y a là tout
au moins une apparence de contradiction que je dois vous
expliquer.

La Guyane est incontestablement un pays admirablement
doté par la nature. L'opinion est unanime sur ce point. Les
terres basses sont d'une fertilité sans égale. Certaines parties
supportent la culture si épuisante de la canne à sucre depuis
cent ans; et sans connaître l'engrais, le rendement est le
même qu'au premier jour. Les terres hautes sont couvertes
de forêts, composées de véritables géants végétaux et appar-
tenant aux essences les plus belles et les plus utiles : acajou,
bois de rose, bois de fer, ébène verte et mouchetée, angé-
lique et tant d'autres. Ses épices, poivre, piment, muscade,
vanille, gingembre, safran, sont de première qualité. Le
cacao vient presque à l'état sauvage; le café y acquiert un
arome des plus recherchés. Enfin, je viens de vous le dire,
au-dessous de cette végétation s'étend une immense nappe
d'or. Si, après vous avoir parlé de cette fertilité, de ses
richesses agricoles et minières, j'ajoute que le pays est
arrosé par sept fleuves navigables pour les grands navires, et
par plus de vingt rivières pouvant encore servir de canaux
naturels, plus que jamais vous vous demanderez comment il
se fait que tant de richesses naturelles soient restées impro-
ductives.

Eh bien, Messieurs, c'est qu'il n'est pas de terre quelque
fertile que vous la supposiez, pas de mine, quelque riche que
soient ses gisements, qui puissent produire sans travail. La
terre exige que l'homme la violente. Or, Messieurs, et c'est là
la vérité fondamentale, le dogme de la colonisation des pays
chauds : *la terre intertropicale exige le travailleur intertropical*.
Pour travailler la terre intertropicale de la Guyane, il faut

donc l'homme intertropical. Tout essai fait en dehors de cette loi conduit fatalement à un insuccès.

Prenez toutes les tentatives qui ont été faites dans ce pays et vous verrez que toutes les fois que l'européen (anglais, hollandais, alsacien, etc.) a voulu cultiver la terre, quelques années ont suffi pour que dans cette lutte qu'il livrait au sol, l'homme ait disparu.

Tel a été le sort des colons des compagnies de commerce, celui des expéditions de tout le dix-huitième siècle, celui de la première moitié du nôtre, et c'est encore le même qui a terminé la dernière tentative faite par la transportation et soutenue avec énergie pendant quinze ans.

Par contre, si nous prenons les époques pendant lesquelles la Guyane a été prospère, de 1815 à 1830, par exemple, nous verrons que ce sont celles pendant lesquelles, éclairés par l'expérience, les colons européens avaient renoncé au travail de la terre et l'avaient confié aux travailleurs africains.

Les quelques exemples suivants, tirés de l'histoire même de la Guyane, vont vous le prouver, je l'espère, avec évidence :

Le 27 septembre 1652, la compagnie des douze seigneurs, composée d'un effectif de 742 personnes, y compris 60 arrivés en 1651, mouilla sur rade de Cayenne, et choisit la côte de Remire pour y fonder ses habitations. Ce lieu est un des moins insalubres de l'île. L'atmosphère y est pure quand le vent vient du N.-E., et ne s'altère que lorsqu'il s'incline vers l'E. ou l'E.-S.-E., c'est-à-dire lorsqu'il vient des marais de Kaw.

Ce personnel fut réparti dans plusieurs habitations et commença les défrichements avec vigueur. Mais la fièvre ne se fit pas longtemps attendre. Elle naissait sous la main du travailleur, et chaque nouvel effort coûtait quelque existence. Bientôt, les maladies s'étendant de plus en plus, les bras devinrent insuffisants et les vivres manquèrent. Dès lors ce ne fut plus qu'un désastre.

On peut s'en faire une idée par le récit du Père Biet, historien de l'expédition, auquel j'emprunte le passage suivant :

« Toutes ces incommodités firent qu'en peu de temps notre
» monde devint si exténué que la mort paroissoit sur leur
» visage. Quand il fallait aller au travail de la terre, à peine
» pouvaient-ils lever les bras, tant ils estoient affaiblis. Cela
» était digne de compassion. C'est pour cette raison qu'étant
» retournez au travail et n'en pouvant presque plus, ils
» estoient contraincts d'aller se reposer. »

« Le nombre des malades augmentait si fort, que je fus at-
» taqué d'une grosse fièvre, avec des redoublements. Comme
» j'avais un grand courage, sistôt que je me sentais un peu,
» je me levais incontinent. Je retombais pour n'avoir pas de
» quoi me nourrir et reprendre des forces. Mes jambes devin-
» rent si fort enflées, à quoi se joignit une aposthume qui fut
» cause que je fus contrainct d'aller avec des potences. »

C'est le tableau fidèle de ce que j'ai trouvé deux cents ans
après dans quelques villages abandonnés du Maroni.

Cette expédition ne dura que quinze mois, et au départ, sur
742 colons, 400 avaient succombé !

En juillet 1823, sous le gouvernement de M. Millius, une
nouvelle tentative fut faite sur les rives de la Maua, près du
premier saut, à 60 kilomètres de la mer. La colonie reçut le
nom de *Nouvelle-Angoulême*.

On le voit, cette fois, on s'était éloigné de la côte. On avait
dépassé les terres basses, et l'on avait choisi un point baigné
par un cours d'eau rapide. Les résultats ne furent pas plus
heureux.

Dans cette zone, en effet, les orages sont fréquents et les
pluies plus abondantes encore que sur le littoral. Une brume
épaisse la couvre chaque jour et ne se dissipe que vers dix
heures du matin. Le sol, quoique assez élevé au dessus du
niveau de la mer, est humide et couvert de marécages. De
plus, trop éloigné pour recevoir la brise maritime, elle n'est
traversée que par des vents, qui, quelle que soit leur direc-

tion, ont dû, avant de lui arriver, balayer les terres basses et se charger de leurs émanations.

La colonie se composait de 164 Européens, dont 31 ouvriers, 6 d'entre eux ayant leurs femmes, et 127 enfants orphelins. Or, dès septembre de la même année, c'est-à-dire deux mois après leur arrivée, 80 avaient déjà été atteints de fièvres pernicieuses et 12 avaient succombé ; et ce ne furent pas les seules victimes. Dans les mois suivants, leur nombre alla croissant. Enfin, sur 34 cultivateurs recrutés à Brest pour combler les vides, 17 moururent en dix mois.

Dès lors, tout espoir disparut, et les quelques survivants, la constitution ruinée et en proie à la misère la plus affligeante, abandonnèrent les résultats de leurs pénibles efforts.

Enfin, à côté de ces faits, je dois vous citer le suivant dans lequel on voit les deux races, blanche et noire, aux prises avec le même danger, à la même époque et dans les mêmes conditions d'existence.

En 1853 un établissement pénitentiaire fut fondé sur la rive gauche de l'Oyapock, à 4 kilomètres au-dessus du confluent du Gabaret. Les logements furent bâtis sur un terrain qui domine de 3 mètres le niveau du fleuve et est environné de marais. Le 23 avril, un officier de troupe, un régisseur des travaux, deux gendarmes, un sapeur et un surveillant arrivèrent avec 20 transportés. Des bâtisses furent élevées successivement et purent recevoir 248 Européens. Or, du 23 avril 1853 au 1er mars 1854, c'est-à-dire en dix mois, 104 transportés succombèrent aux fièvres intermittentes, et pour sauver d'une mort certaine la plus grande partie de ceux qui survivaient, on dut les évacuer sur les Iles-du-Salut.

Dès lors, des noirs condamnés, venus des Antilles, furent seuls envoyés sur ce pénitencier.

En 1854, l'effectif se composa de 185 individus, qui tous, sauf 33, étaient des noirs. Dans le courant de l'année, les Européens qui restaient succombèrent presque tous. Aussi dès 1855 et 1856 les nègres restèrent seuls. Dès lors, la mortalité ne fut plus comparable à celle des années précédentes. Il suffit, pour s'en convaincre, de jeter un coup d'œil sur les chiffres suivants :

ANNÉES	EFFECTIF moyen	DÉCÈS	PROPORTION pour 0/0
1853	248	101	41.53
1854	185	40	21.60
1855	198	10	5.07
1856	155	5	3.29

Ainsi, la mortalité qui était de 41,53 pour cent en 1853, lorsque le personnel était complètement européen, tomba, dès 1854, à 21.60 lorsqu'il était mélangé, et enfin lorsqu'il ne fut plus composé que de noirs, nous la trouvons de 5.07 en 1855 et de 3.29 en 1856, c'est-à-dire que la mortalité, pendant cette dernière année, fut de 42.66 moindre qu'en 1853.

Ces exemples, je l'espère, ont dû vous suffire pour bien établir le point que je discute : le peu de résistance de l'européen dans la zone intertropicale pour travailler la terre et la nécessité du travailleur noir sous son soleil brulant. Mais je ne puis résister au désir de donner encore l'opinion d'un officier qui a assisté au début de l'essai fait par la transportation.

Cette opinion est tirée de son journal. Elle doit d'autant plus mériter notre confiance, que c'est là une œuvre intime et réfléchie, écrite non dans l'intention de séduire l'opinion publique, mais simplement pour rester un pieux souvenir de famille.

« La fertilité des terres de la Guyane est telle qu'il ne peut y en avoir au monde de supérieure, et les richesses forestières y échappent à tout calcul (1).

(1) Mémoires manuscrits du commandant Souville : *Campagne du Marceau*, p. 47.

» En vain a-t-on démontré cent fois que l'Européen ne peut cultiver la terre de ses mains sous les tropiques sans s'épuiser et mourir ; toujours des milliers et des milliers de victimes nouvelles viennent s'offrir au moloch de cette chimère insensée. Il est, et il sera éternellement vrai, que les pays tropicaux ne sont pas colonisables, dans le sens littéral du mot, par les Européens, mais seulement exploitables, c'est-à-dire que le travail manuel de la terre ne peut y être fourni que par quelques races spéciales, le nègre, l'Hindou, le Chinois, et que l'Européen ne peut intervenir que comme porteur de capitaux, directeur et exploitant (1). »

Ainsi, ces conclusions doivent se dégager de ces faits :

1° *Que l'européen est dans l'impossibilité de travailler la terre à la Guyane ; que, par conséquent, toute tentative de colonisation faite par lui est d'avance condamnée à l'insuccès.*

2° *Que le même travail peut être abordé par les races intertropicales et tout au moins par la race noire.*

Or, cet ouvrier ayant manqué après l'abolition de l'esclavage, les colons, bien convaincus des faits qui précèdent, avaient organisé une immigration africaine, et environ 1,500 hommes de la côte d'Afrique avaient déjà été importés, lorsque, cédant à l'Angleterre, l'Empire crut devoir renoncer à ces travailleurs pour toutes nos colonies. Il est vrai qu'en échange l'Angleterre nous accordait de prendre un certain nombre de travailleurs dans ses possessions de l'Inde. Mais, d'une part, l'Angleterre ne nous livre bien entendu que la partie la moins vigoureuse de ses travailleurs ; et, de plus, ces travailleurs restant sujets anglais, ce sont les consuls de l'Angleterre qui tiennent dans leurs mains la fortune de nos colons, puisque ce sont eux qui tiennent les ouvriers.

Toutes les fois qu'un hindou croit avoir à se plaindre de son maître, il va trouver le consul, qui en saisit l'administra-

_____

(1) Même mémoire, p. 59.

4

tion de l'immigration, et le propriétaire doit comparaître devant cette administration pour fournir les explications. Or, comme les distances sont longues, c'est souvent une ou deux journées perdues, et pendant lesquelles toute l'exploitation reste sans surveillance. Ce n'est pas tout, le consul peut même faire suspendre ou supprimer l'immigration sur une seule plainte à son gouvernement; et c'est ainsi qu'actuellement la Guyane n'a pas reçu d'hindou depuis dix ans. Je le répète, la fortune de nos colonies est dans les mains des consuls anglais.

C'est cette pénurie d'ouvriers qui doit vous expliquer la disproportion qui existe dans le chiffre d'exportation des trois Guyanes.

Dans la nôtre, on peut compter environ 2500 travailleurs ; la Guyane hollandaise possède 15,000 hindous et la Guyane anglaise près de 100,000 ! Elle en a importé 10,000 dans la seule année de 1878, pendant qu'elle nous les supprimait !

Mais, depuis quelques années, un fait considérable s'est passé dans l'extrême Orient.

La France a ajouté à ses possessions coloniales la contrée la plus populeuse qu'elle ait conquise jusqu'à présent, le Tonking. Or, quand il s'agit de défendre cette expédition, on parle de l'écoulement de nos produits, de ses mines de charbon, de cuivre et autres. Eh bien, tous ces avantages, que je suis loin cependant de nier, ne me paraissent pas les plus importants. L'avantage capital que je trouve dans la possession du Tonking, c'est que c'est une mine d'hommes, une *mine de travailleurs* et de *travailleurs intertropicaux*.

La population est de 12,000,000, au moins, et toute essentiellement agricole. Or, on peut trouver dans cette vaste contrée et sans l'appauvrir, des immigrants en quantité suffisante pour faire la fortune de toutes nos colonies.

Songez, de plus, que le long des rives de ses fleuves s'agite une population sans moyen d'existence, vivant de vols et de rapines, et fatalement destinée tôt ou tard à alimenter les bandes de pirates. Leur expatriement aurait donc pour premier avantage d'en débarrasser la colonie, et de lui assurer la tranquillité.

Que la déportation pour nos colonies devienne une peine souvent infligée ; que, de plus, on transporte des hommes libres avec femmes et enfants, que l'on soumette ces engagements à des règles précises, en un mot que l'on fasse de l'*immigration tonkinoise* comme l'Angleterre fait de l'immigration hindoue, et, j'en suis convaincu, on fera œuvre utile.

Il faut, bien entendu, que l'on ne procède qu'avec précaution, lentement, par petites quantités, en profitant chaque fois des fautes commises ; mais si l'essai réussit, et tout le fait espérer, les avantages que l'on y trouverait seraient considérables.

D'abord, je le répète, on débarrasserait le Tonking de la partie la plus difficile à mener de la population. Ensuite, on secouerait le joug des consuls anglais qui pèse si lourdement sur nos colonies, et enfin on pourrait doter ces dernières de travailleurs en nombre suffisant.

Ce qui fait défaut, en effet, à notre colonie de la Guyane, pour ne parler que d'elle, je ne saurais trop le redire, ce ne sont ni les richesses naturelles, ni les capitaux, ni l'intelligence des colons ; ce qui lui manque, c'est l'ouvrier intertropical. C'est là son mal, et c'est le seul. C'est lui qui fait qu'elle végète, quand les autres prospèrent.

Qu'on lui donne donc cet ouvrier, qu'on le lui donne en quantité suffisante pour travailler ses terres basses, abattre ses forêts et laver son or ; et je suis convaincu que notre génération qui a reçu une Guyane, comme je le disais au commencement, insalubre, pauvre et méprisée, la laissera essainie, riche et devenue l'honneur de la France.

TRAVAUX DE M. LE Dr E. MAUREL

MÉDECINE

1879. — Compte rendu d'une épidémie de fièvres typhoïdes bilieuses et de fièvres à rechutes observées à Saint-Laurent-du-Maroni (Guyane française). (*Gazette hebdomadaire*, 24 janvier 1879.)

1880. — Note sur une réaction propre à l'albumine de la fièvre typhoïde et de quelques autres maladies fébriles. (Communication à la Société de biologie, séance du 3 janvier 1880.)

1880. — Note sur la désinfection des selles par la poudre de charbon dans la fièvre typhoïde. (Communication à la Société de thérapeutique, séance du 14 février 1880.)

1880. — Les stéthoscopes et l'acoustique. (Communication à la Société clinique des hôpitaux.)

1880. — Du régime lacté et du régime mixte gradué dans la diarrhée et la dysenterie chroniques. (Communication à la Société clinique des hôpitaux et *Bulletin général de thérapeutique*.)

1883. — Traité des maladies paludéennes à la Guyanne. (Chez Doin, libraire-éditeur, 8, place de l'Odéon, Paris.)

1883. — Des variétés d'albumine et d'un réactif pour les reconnaître. (Congrès de Rouen, section de médecine, août 1883.)

1883. — Recherches microscopiques sur l'air des marais au point de vue du paludisme. Procédés employés dans ces recherches. (Congrès de Rouen, section d'hygiène, août 1883.)

1884. — Swam-Sickness. Article du *Dictionnaire encyclopédique*.

1884. — Le médecin du Dr Dechambe. Analyse critique. (*Archives de médecine navale.*)

1884. — De la fièvre typhoïde dans la race noire. (Présentation et communication à la Société anatomique de Paris.)

1884. — Des causes de l'exaspération vespérale de la température normale. (Communication à l'Académie de médecine, septembre, et à la Société de biologie, octobre 1884.)

1884. — De l'hématrimétrie normale et pathologique des pays chauds. (*Archives de médecine navale*, prix des Archives pour l'année 1883.)

1885. — Articles *Guyanes*, du *Dictionnaire encyclopédique*.

1886. — Des lois de l'acoustique et du stétoscope. (Congrès de Nancy, août 1886, section de médecine.)

1887. — Note sur la désinfection des selles dans les affections intestinales des pays chauds par l'eau sulfo-carbonée.

1887. — Note sur le micrococque de la fièvre jaune. (Communication à la Société de biologie, séance du 28 mai 1887.)

1887. — Etude sur l'étiologie parasitaire du paludisme. (*Archives de médecine navale*, janvier, février, mars, avril, mai, juillet et août 1887, et tirage à part. Doin, 1887.)

1887. — De la stéthométrie et de la stéthographie. Conférence faite à l'hôpital maritime de Cherbourg, publiée dans le *Bulletin de thérapeutique.*)

1887. — Etude sur le pouls rétro-sternal. (Congrès de l'Association française pour l'avancement des sciences. Toulouse, 1887, section de médecine.)

1887. — Exposé des recherches sur l'air des marais. (Congrès de l'Association française pour l'avancement des sciences. Toulouse, 1887, section d'hygiène.)

1888. — Du lavage de l'estomac dans les affections chroniques de l'intestin. (*Bulletin général de thérapeutique.*)

1888. — Du traitement de la pleurésie par le régime lacté. (Communication à la Société de médecine, chirurgie et pharmacie, publié dans le journal de la Société.)

1888. — Rapport de la section thoracique et de la taille. (Communication à la Société de médecine, chirurgie et pharmacie de Toulouse.)

1888. — Leçon sur l'anatomie, la physiologie de la bouche et les divisions de ces maladies. (*Gazette médico-chirurgicale de Toulouse*, n° du 1er juin 1888.)

1888. — Leçon sur la stomatite érythémateuse aiguë (*Gazette médico-chirurgicale de Toulouse*, n°° des 11, 21 juin et 1er juillet 1888).

1888. — Leçon sur la stomatite érythémateuse chronique. (*Gazette médico-chirurgicale de Toulouse*, n°° des 11 et 21 juillet 1888.)

1888. — Leçon sur la stomatite ulcéreuse. (*Gazette médico-chirurgicale de Toulouse*, n°° des 21 juillet et 10 août 1888.)

1888. — Leçon sur la stomatite gangréneuse. (*Gazette médico-chirurgicale de Toulouse*, n°° des 20 août, 1er et 10 septembre 1888.)

1888. — Leçon sur la gingivite. (*Gazette médico-chirurgicale de Toulouse*, n°° des 10 et 20 octobre, 1er et 10 novembre et suivants.)

1888. — Deux observations relatives à la filariose. (Communication à l'Académie de médecine de Paris, séance du 23 octobre 1888.)

1888. — Note sur la filaire du sang. (Communication à la Société d'histoire naturelle de Toulouse, séance du 21 novembre 1888.)

1888. — Note sur la filariose et observations personnelles. (Communication à la Société de médecine, de chirurgie et de pharmacie de Toulouse, séance du 11 décembre.)

1880. — De l'influence de la fièvre sur les éléments figurés du sang. (Communication à l'Académie des sciences, Inscriptions et belles-lettres de Toulouse, séance du 24 janvier 1889.)

CHIRURGIE

1873. — De l'inflammation aiguë et chronique de la pulpe dentaire ou de la pulpite aiguë et chronique. (Thèse de doctorat, Paris, 1873.)

1874. — Nouvel appareil pour le traitement des fractures du corps de la clavicule et des luxations sus-acromiales. (*Archives de médecine navale*, juillet et août 1874.)

1874. — Deux observations de blessures graves traitées à l'aide de l'appareil hyponarthécique à double plan du D' Beau. (*Archives de médecine navale*, décembre 1874.)

1875. — Des fractures des dents. (*Archives de médecine navale*, janvier et février 1875; tirage à part, J.-B. Baillières.)

1875. — Des luxations des dents. (*Archives de médecine navale*, avril et mai 1875; tirage à part. J.-B. Baillières.)

1877. — Note sur une simplification de l'appareil d'Esmarch. (*Archives de médecine navale*.)

1877. — Traitement des fractures de la clavicule par un nouvel appareil. (*Bulletin général de thérapeutique*.)

1877. — Traitement de la carie dentaire. (*Archives de médecine navale*, mars et avril 1877.)

1878. — Des greffes dermo-épidermiques dans les différentes races humaines. (Communication à la Société de biologie, séance du 22 juin 1878.)

1878. — De l'emploi du sulfure de carbone dans le pansement des plaies. (Communication à la Société de thérapeutique, séance du 12 juin 1878.)

1878. — Étude sur l'étiologie et l'anatomie pathologique de la carie dentaire. (Communication à la Société de biologie, séance du 9 novembre 1878.)

1878. — Note sur un monocle élastique inévaporant. (*Bulletin général de thérapeutique*, 30 novembre 1878.)

1878. — Luxation spontanée d'un cristallin cataracté dans la chambre antérieure. Tentative d'extraction par la kératotomie supérieure; pendant l'opération, réduction du cristallin; réclinaison. (*Bulletin général de thérapeutique*, 30 décembre 1878.)

1879. — Note sur une modification au procédé de Jules Roux pour l'amputation tibio-tarsienne. (*Bulletin général de thérapeutique*, 30 mars 1879.)

1879. — De la détermination expérimentale de l'acuité visuelle. (Communication à la Société de biologie, 5 juillet 1879.)

1879. — Note sur l'emploi des caustiques arsénicaux contre l'onyxis ulcéreux observé à la Guyane. (Communication à la Société de chirurgie, séance du 31 octobre 1879.)

1879. — De l'onyxis ulcéreux observé à la Guyane française. (*Archives de médecine navale*, novembre 1869.)

1879. — Modification au procédé de Desmarres pour l'opération du ptérygion. (*Bulletin général de thérapeutique*, 30 novembre 1879.)

1880. — Présentation à la Société de chirurgie d'une nouvelle pince à phimosis.

1880. — Note sur une filière millimétrique pour les voies lacrymales. (Congrès d'ophtalmologie de Milan et *Bulletin de thérapeutique*.)

1880. — Note sur une nouvelle pince à phimosis. (*Bulletin général de thérapeutique*.)

1880. — Aperçu général sur le pansement des plaies. (Congrès pour l'avancement des sciences de Reims, section de médecine.)

1885. — De la réunion des plaies dans les pays chauds et dans les différentes races. (*Bulletin de thérapeutique*.)

THÉRAPEUTIQUE

1879. — Étude de clinique expérimentale sur les diurétiques. (Communication à la Société de thérapeutique, 9 juillet 1879; *Bulletin général de thérapeutique*, n° du 16 février 1880 et les suivants.)

1881. — Mémoire sur les antithermiques. (Communication à la Société de thérapeutique, *Bulletin général de thérapeutique*.)

HYGIÈNE

1878. — De l'action locale de certaines substances sur les tissus durs de la dent. (Communication à la Société de thérapeutique, séance du 8 mai 1878. *Gazette hebdomadaire*, juin 1878; *Bulletin général de thérapeutique*, 15 juin et 1er juillet 1878.)

1878. — Étude hygiénique sur le garde-côtes *le Tonnerre*. (*Archives de médecine navale*, septembre 1874 et tirage à part. J.-B. Baillières.)

1879. — Appréciation de l'acuité visuelle sous le rapport de l'aptitude professionnelle chez les soldats et les marins. (*Archives de médecine navale*, avril 1879 et tirage à part.)

1879. — D'' Hardy et Maurel. Mémoire sur l'hydrologie de la Guyane française. (Communication à l'Académie de médecine, 28 octobre 1879; Communication à la Société d'hydrologie, séance du 3 novembre 1879.)

1882. — De la répartition des recrues dans les diverses professions de la marine au point de vue de la vision. (*Revue maritime et coloniale*, mois de mai 1882 et suivants.)

1884. — Hygiène alimentaire dans les pays chauds. (Congrès de Blois, section d'hygiène, septembre 1884.)

1884. — De l'influence d'un régime fortement azoté sur le foie des herbivores. (Communication à la Société de biologie, novembre 1884.)

1886. — Contribution à l'hygiène des pays chauds : habitation, vêtements, habitudes coloniales. (Congrès de Nancy, août 1886, section d'hygiène.)

ANTHROPOLOGIE

1878. — Note sur l'existence de l'homme préhistorique à la Guyane. (Communication à la Société d'anthropologie, séance du 18 avril 1878.)

1878. — Étude anthropologique et ethnographique sur les Indiens Galibis. (Communication à la Société d'anthropologie, séance du 2 mai 1878. *Bulletin et mémoires*.)

1878. — De la fréquence de la carie dentaire chez les Indiens Galibis et leurs métis. (Communication à la Société d'anthropologie, séance du 20 juin 1878.)

1878. — Étude anthropologique sur les immigrants indiens. (Congrès d'anthropologie, séance du 18 août 1878.)

1878. — De la fréquence de la carie dentaire considérée comme caractère anthropologique. (Communication au Congrès pour l'avancement des sciences, section de l'anthropologie, séance du 18 août 1878.)

1878. — Étude crânologique sur trois têtes d'immigrants indiens. (Communication à la Société d'anthropologie, séance du 7 septembre 1878.)

1879. — Essai sur le bassin des femmes coolies. (Communication à la Société d'anthropologie, séance du 3 juillet 1879.)

1880. — Du sens de la vue au point de vue anthropologique. (Congrès pour l'avancement des sciences de Reims, section d'anthropologie.)

1891. — Méthode pour l'examen de la vue. (Communication à la Société d'anthropologie.)

1883. — De l'influence comparée du père et de la mère sur les enfants dans les races éloignées. (Congrès de Rouen, section d'anthropologie.)

1883. — Étude microscopique et hématimétrique du sang dans les différentes races. (Communication à la Société d'anthropologie.)

1882. — Des variations de la température normale selon les climats et les races. (Communication à la Société d'anthropologie.)

1884. — De la couvade. (Communication à la Société d'anthropologie.)

1884. — De l'influence comparée du père et de la mère sur les enfants dans les races rapprochées. (Congrès de Blois, section d'anthropologie, septembre 1884.)

1884. — De la différence de résistance au froid dans les divers groupes humains. (Communication à la Société d'anthropologie, novembre 1884).

1886. — Histoire anthropologique de l'Indo-Chine. (Communication à la Société d'anthropologie de Paris, séance du 21 mai 1886. *Bulletin* et *Mémoires*.)

1886. — Corps étrangers nombreux trouvés dans le tissu cellulaire d'un Birman. (Communication à la Société d'anthropologie de Paris, séance du 3 juin 1886.)

1886. — Étude anthropologique du peuple Khmer. (Communication à la Société d'anthropologie de Paris, séance du 3 juin 1886. *Bulletin* et *Mémoires*.)

1886. — Ethnographie du peuple Khmer. (Communication à la Société de géographie de Paris, séance du 4 juin 1886. *Bulletin de la Société* et *Revue scientifique*, 21 août 1886.)

1886. — Du sang dans les races humaines. (Congrès de Nancy, août 1886, section d'anthropologie.)

1887. — Des moyens de mensuration de la poitrine. (Communication à la Société d'anthropologie, séance du 19 juin 1887.)

1887. — De la longueur comparée des deux premiers orteils dans les races, principalement dans les races mongoles. (Congrès de Toulouse, 7 septembre 1887, section d'anthropologie.)

1887. — Anthropométrie des divers peuples du Cambodge. (Mémoire de la Société d'anthropologie de Paris. Mémoire ayant obtenu le prix pour l'année 1886.)

GÉOGRAPHIE

1886. — Géographie du Cambodge. (Conférence à la Société de géographie de Rochefort, 29 mai 1886.)

1888. — Histoire de la Guyane, de la découverte à 1815. (Communication à la Société de géographie de Toulouse, séance du 6 mars 1888. *Bulletin de la Société* du mois de décembre 1888.)

1888. — Suite de l'histoire de la Guyane, de 1815 jusqu'à nos jours; ses limites. (Communication à la Société de géographie de Toulouse, séance du 14 mars 1888.)

1888. — Orographie et hydrographie de la Guyane. (Communication à la Société de géographie de Toulouse, séance du 20 novembre 1888.)

1888. — Quelques mois sur les Peaux-Rouges de la Guyane, leur utilisation; leur avenir. (Société de géographie de Toulouse, séance du 17 décembre.)

LITTÉRATURE

1888. — L'union des femmes de France au Cambodge. (Séance du 27 janvier 1888; groupe de Toulouse.)

1889. — Ethnographie des Galibis. (Conférence à la Société de géographie de Toulouse, séance du 4 février 1889.)

TOULOUSE. — DURAND, FILLOUS ET LAGARDE, IMPRIMEURS.

www.ingramcontent.com/pod-product-compliance
Lightning Source LLC
LaVergne TN
LVHW022126080426
835511LV00007B/1055